Eva Zeller

Dreißig Worte für Liebe

EVA ZELLER

Dreißig Worte für Liebe

Erzählungen

Deutsche Verlags-Anstalt
Stuttgart München

Inhalt

Auch die geringfügigste Begebenheit
privaten Daseins mündet in die Geschichte.
Mag eine von uns getroffene Entscheidung
noch so persönlich sein, sie fällt
in einem historischen Augenblick.

REINHOLD SCHNEIDER
TAGEBUCH 1930–35

Einer unter zwanzig

Nannten sie ihn Peterchen? Spätestens von dem Zeitpunkt an, wo sie die Hoffnung aufgaben, daß er je erwachsen werden würde, könnten sie ihn Peterchen gerufen haben; oder blieb ihm die zärtliche Endsilbe seines Namens aus den Tagen, als er noch ein reizendes Wickelkind war, Puppe im spitzenbesetzten Kokon, heraus schaute nur das Köpfchen, ein etwas zu groß geratenes unterm engen Häubchen? Ein Brüderchen, schaut her. Sein Name? Peter, nach dem Herrn Papa, dem Kurtrierschen Geheimrat Brentano, Resident der Reichsstadt Frankfurt: ein Sohn, Herr Geheimrat. Einer unter insgesamt zwanzig Söhnen und Töchtern, einer unter den sechsen aus erster Ehe, bei dessen Geburt die Mutter starb. Eine Wehenschwäche oder eine ungünstige Lage des Kindes, das sich auf seinem Weg im enggefalteten Tunnel nicht, wie die Natur es klüglich vorgesehn, um seine Achse drehn konnte. Tätliche Hülfe war vonnöten, der Herr Hofrat eilte hinzu, ein Accucheur von Rang – meine Gnädigste, wer wird denn den Mut verlieren. Mußte mit der Zange eingegriffen werden, den dünnen, eisernen Händen, oder war's das

Wochenfieber, gegen das kein Kraut gewachsen, Schüttelfröste, Delirien trotz peinlichster Sauberkeit und gelüfteter Stuben? Die Wochenstube, ach, Schauplatz glücklicher Niederkünfte und erfolgreicher Anstrengungen – Händefalten überm ausgebluteten Leib.

Das Kind aber lebte, eins mit übergroßen Augen, die von Woche zu Woche dunkler wurden, bis sie ganz schwarz waren. Eine Amme war ohnehin zur Stelle, eine junge, gesunde, vom Lande. Doch weder Mutter- noch Ammenmilch hätten Peter vor seinem Zwergendasein bewahren können. Geburtsschaden? Laune der Natur? Das Los fiel ihm nicht aufs lieblichste, und doch ließ ihm diese Familie angedeihn, was immer heilsam und förderlich im Rahmen des Möglichen. Die neue Mutter hielt viel von hypnotisierenden Prozeduren als auch von der Heilkraft des Lebensmagneten, welcher, bestreicht man damit den Kranken, in die Substanz der Nerven eindringt, um die unbesaiteten Tasten des Geistes zum Klingen zu bringen. Die Geschwister, jedes Jahr eins mehr, gediehen prächtig, das Haus in der Sandgasse nahm sie alle auf, ein Schoß, dunkel und dehnbar. Den Sonnabend Abend sammelten sich die Jüngeren im Vorzimmer der Großmama. Peter, der das Peterchen blieb, der Immerkleine, der eigentlich schon im Kontor des Vaters hätte nützlich sein sollen, aber zum Lernen zu schwach war, Peter durfte als erster in den Salon, durfte aus Tausendundeinernacht auswählen, was heute vorgelesen werden sollte. Mit allen Anzeichen des Entsetzens wies er auf den Magnetberg – zu dem trieben eine Strömung und widrige Winde das Schiff, dem gleich alle Nägel aus dem Leib gezogen werden, daß es in seine Teile auseinanderfallen wird. In einer anderen Lieblingsgeschichte hieß Peterchen Alladin – mit verkrümmten Fingern versuchte er, dem Vater gefällig zu sein und geschickt Nadel und Faden zu führen, war aber ein Knabe, der mehr in seinen Träumen als in der Schneiderstube lebte. Ein Märchen las Großmama nie: das vom bucklichten Zwerg, dem traurigen Menschlein, das alle Leute zum Lachen bringt; aber die Bilder dazu, die kannte Peter wohl.

Seine Spuren sind verwischt. Als man sie noch hätte finden können, machte niemand sich auf, ihnen zu folgen, als wären sie doch nur im Abseits verlaufen, wo nichts des Aufhebens wert; es galt Bedeutenderes dem Vergessen zu entreißen. Wenngleich dieser eine Name unter den zwanzig für jemanden unauslöschlich geblieben: *als zwei Augen, so schwarz wie die Nacht, die ein blendend Feuer von sich strahlten, in die ein ander Augenpaar sich ganz verlor vor tiefem Hineinschaun.*

Es bedarf der Dramaturgie des Märchens, um die schlafwandlerische Sicherheit zu beschreiben, mit welcher der Kranke aus den vielen Geschwistern, Lulu,

Meline, Therese, Marie, Clemens und Anton und Franz und wie alle hießen, die eine Schwester sich auserkor: Elisabeth Catharina Ludovica Magdalena, genannt Bettine. Warum ausgerechnet sie, hatte sie doch die Unruh einer jungen Katz, die wollt als immer auf Schränke und Öfen klettern, wohin der ungestalte Bruder ihr nur mit den Augen folgen konnte. Just ihr hat er beigebracht, kaum daß sie laufen konnte, wie man Treppen hinauf- und hinabgelangt, die er selber nur mühsam erklomm. *War einmal ein Kind, das lernte an deiner Hand Stiegen klettern, immer führte es sich an dir.* Bis in den Turm des Hauses sind sie vorgedrungen, da befand sich der Taubenschlag.

Wer hat den aus- und einsegelnden Vögeln Namen gegeben: Das ist die Nick, und das ist die Gru, da ist die Hui, und jetzt kommt die Pfui, die gerade was fallen läßt. Lange bevor Clemens die kleine Schwester entdecken und sich in der Rolle des Erziehers gefallen wird, hat Peter gewußt, daß sie, wenn er sein Ebenbild in einem Spiegel erblicken mußte, den Mond mit der Hand herablangen konnte, um ihn zu trösten, daß sie, wenn er nur noch stumm und traurig dazusitzen vermochte, ihm Kissenschlachten verordnete oder sich im Tanze drehte, als spielte sie sich selbst dazu auf, ihn an den Händen ergriff und herumzog, bis er auch lachte und sang, ja sang, so langgezogen und vernehmlich, daß alle im Haus horchten und dachten: Peterchen hat seinen guten Tag, das macht die Bettine, das Tausendsassa. Schon auf dem Weg, närrisch zu werden in den Augen der anderen, war Bettine nie da zu finden, wo einer sie suchte. Wo steckt bloß das Kind und schleppt den Peter umher? Auf der kalten Hoftreppe hockt es mit ihm, die Kleider wieder mal aus- und verkehrt herum angezogen. Da erzählte es dem Bruder, was die Winde miteinander zu flüstern haben, was die Mäuse pfeifen und was der Papagei vom Haus gegenüber alles für Sachen sagt, und die Wäsche auf der Leine klatschte Beifall dazu. Was der Bach erzählt, wenn einer nur ordentlich zuhört, wollte der Peter wissen, und was, wo jedes doch seine Selbstsprache hat, die wimmelnden Ameisen auf dem Hügel neben dem Wegkreuz.

Das muß in Gerbermühle gewesen sein. Dort gelangte man am Ende eines Heckengangs ins Freie, dort hat der Regenbogen gestanden, niedrig überm Saatfeld, dort haben die Kinder sich noch fester an den Händen gefaßt und sind aufgebrochen, dem halbgeschlagenen Zauberkreis entgegenzulaufen – so weit konnte er doch nicht sein, daß sich das eine herabgezogene Ende nicht hätte berühren lassen. Sie kamen und kamen ihm aber nicht näher. Ihre Spur führte durch wehende Gräser. Lerchen fielen herab, sie fallen sich aber nicht tot, sie steigen spiralförmig wieder auf und singen im Steigen. Unversehens drängten sich Schafe aneinander, schwarz- und weißgesichtige, die machten eine hohe

Staubwolke. Als die letzten Tiere entschwunden waren und der Himmel wieder klar wurde, ließ der Regenbogen sich nicht mehr blicken, als habe er nie da gestanden. Der erste Regenbogen. Die erste Schafherde, von Hunden geisterhaft umrundet.

Zog der Bruder die kleine Schwester, die Schwester den Bruder zurück? Ihre Vereinbarungen wurden mit den Händen getroffen. Wer nahm wen mit, um stachlige Kastanien aufzubrechen und die zwei eng aneinanderliegenden unreifen Früchte herauszuholen? Vier Füße marschierten über die Sandgasse, zu sehn war aber nur das bucklichte Männlein, das hatte Bettine hinterm Bärenmuff versteckt, weil sie so gern mit in die Kirch hat wollen, aber noch viel zu klein dazu war. *Die Leut wunderten sich über das kuriose Rauchwerk, das allein über die Straße lief.* Schreib, schreib doch, Bettine, was der Bruder dir noch für närrische Dinge zu Gefallen getan. Heimlich im Garten hat er einen Sandhügel aufgeschüttet: »Das ist für dich.« Da nahm er einen Stein auf, nun sprang auf einmal ein Wasserstrahl hoch empor; einen Springbrunnen bauen, das konnte keiner sonst.

Wo mit Erinnern beginnen. Bettine wollt ja sogar noch wissen – wahr oder nicht –, daß der Geheime Rat Goethe zu Besuch am Wochenbett der Mutter geweilt und die neugeborene Elisabeth Catharina Ludovica Magdalena auf seinen Armen aus der finstern Stube ans Fenster getragen habe. Jawohl, ihren ersten Lichtblick habe sie keinem Geringeren als Goethen zu danken; ihren ersten Kirchgang keinem Geringeren als dem armen, verwachsenen Bruder, dem einen unter den zwanzig, mit dem alle ihre liebe Not hatten, an dem sie alle Erbarmen gelernt. »Von ihm weiß ich aber noch sehr viel«, so Bettine in einem Brief. Eine Wendeltreppe führte in ihr späteres Zimmer – hier wird sie einen Schachteldeckel vors Schlüsselloch stellen, damit keiner sieht, wie lange die Kerze noch brennt, und wird Briefe über Briefe schreiben, an Goethen, an ihr Günderödchen, an Clemens, an Gott und die Welt. *War einmal ein Kind, o Bruder Peter, das liebte dich aber auch sehr … Da sagen die Leut, ein Kind darf nicht alles wissen. Wie dumm!* Bettine, so klein sie war, wußte, daß der Bruder sehr krank war und keiner ihm helfen konnte und daß er sich oft versteckte in seinem Eck unter der Wendeltreppe. Von ihr ließ er sich finden. Sie, das Plaudertäschchen, das immerfort schwätzte, lauter fablig Zeug, fing hier manchmal an, ganz stille zu werden, wenn Peter von der Luftreise erzählte, die ein Franzos im gasgefüllten Ballon just von Frankfurt aus unternommen, von den Auswandrern, die, weil sie hier nichts zu beißen hatten, nach Amerika und Afrika aufbrachen, von der Judengasse in der Stadt, in die kein Christ sich traute wegen der sonderbaren Gestalten mit Schläfenlocken und Bärten, die nie ein Schermesser gesehen, ja und von der Milchfrau gegenüber, die Feuersbrünste vorausahnte und immer schon wußte, wer sterben würde; den nämlich sah sie, lange bevor der Tod ihn ereilte, als Leich an der Haustür lehnen. Beide Kinder wurden still, wenn sie Werzucktzuerstmitderwimper spielten: Sie schauten sich lange an, zwei Augenpaare, eins so schwarz wie das andre. So starrte der Hypnotiseur den Peter an, um ihn in einen tiefen Schlaf fallen zu lassen – schlaf, Peterchen, schlaf. Durch das Haus zogen Gerüche, die Katz trug ihr Junges am Nackenfell vorbei, man sah's aus den Augenwinkeln, Türen knarrten, Tünche fiel von den Wänden, an denen die alten, übersehnen Familienporträten hingen, ein Bilderbuch für die Träumer. Bettine zuckte zuerst mit der Wimper und wollte sich ausschütten vor Lachen, und Peterchen lachte mit, daß die unbesaiteten Tasten des Geistes zum Klingen kamen.

Es gab das Grüne Zimmer mit der Fensterbank, durchs Schlüsselloch konnte man sie erspähn. Ging die Tür einmal auf, was gab's da zu sehn: Großmama in der Silberperücke, die schöne Mutter, das Haar mit Goldbändern hochgebunden; alles, was sie an sich hatte, wehte beim Gehn von Gast zu Gast, das Musselinkleid, Bänder, Schärpenenden. Das war ein Verbeugen und Neigen und Tänzeln in Schuhen, die über den Zehen sich aufbogen. Die Mutter hob ihr Glas in Richtung der Tür. »Was ihre Kinder an Schönheit und Geist sich teilen müssen«, wird der Vater nach ihrem allzufrühen Tod sagen, »hat eure Mutter in sich vereint.« Und einmal, da hat der Vater ein venezianisches Glas ins Licht gehalten und Bettinen – nur ihr?, nein auch dem Zwerglein – das aufgeschmolzene Dekor gezeigt: einen edlen Frauenkopf mit hochgebundenem Haar: »Sagt, wem schaut es ähnlich!« »Der Mutter, der Mutter!« Da langte Peter, der Winzling, nach dem Glas, um das Mutterbild nahe vor Augen zu haben, das wurde ihm heftig verwehrt: »Um Gotteswillen, laß du die Finger davon!« Da hat der Arme geheult, langgezogen, wie Hunde heulen, das wollte nicht enden. Wurde der Magnetiseur zu Rate gezogen? Der wohnte gleich nebenan; man brauchte nur auf die Rasenbank steigen, um zu sehn, wie er in seinem Garten alles Verwelkte ausbrach, damit kein Blatt gedrückt und jedes schnaufen konnte. Alleweil goß er Wasser für die Trauben und Milch für die Igel in irdene Schüsseln. Nichts Unebenes kam den Kindern bei seinem Anblick in den Sinn; nie wurde er mit grünen Äpfeln bombardiert. Die hortete Bettine für andere Gelegenheiten; die hatte sie flugs zur Hand, wenn in der Sandgasse ihr trauriges Männlein von den bösen Buben ausgebuht wurde. Mit ihren Äpfeln traf sie auf gut Glück den einen, den andern, der Peter eine lange Nase gemacht. Auf der Straßenseite drüben das Haus mit der offenen Halle. Da schrie der Papagei auf der Stange immerfort Kommtkinderkommt; der gehörte der alten Milchfrau. Die hat denn auch an der Haustür gegenüber den einen unter den zwanzig lehnen sehen, den Jüngling von der traurigen Gestalt, lange bevor der Tod ihn erlöste.

Der Tod kam auf der Wendeltreppe. *Die letzten Sonnenstrahlen leuchteten dem Bruder ins Gesicht, er war leichenblaß; das Kind klammerte sich fest an ihn. »Laß los«, sagte er und stürzte die Treppe hinunter; das Kind hat seine Hand ganz fest gehalten und ist mit hinuntergefallen.*

Es war aber eine Katz, die holt sich nicht einmal blaue Flecken. Der erste Tod, Hand in Hand mit dem Kind. *Das sah den liebenden Bruder nicht wieder. Auf seine Fragen war die Antwort, der Peter sei nun begraben. Es verstand nicht, was das war. Noch manchmal sehnte es sich nach ihm, saß abends in seinem Eck unter der Wendeltreppe, wo das Licht nicht hinreicht; da kommt es ihm vor, daß dunkle Augen es geradewegs anleuchten.*

Meine Wochenenden

Alle Wege führen nach Unteraufen. Ich kenne auch die verschlungensten, die kaum in Wanderkarten eingezeichnet sind: Abzweigungen von Nebenstraßen oder Fahrwegen und wieder Abzweigungen von Wirtschafts- und Waldpfaden.

An jedem Wochenende, zu jeder Jahreszeit, selbst wenn ich Urlaub habe, fahre und laufe ich die Strekken ab, allerdings aus anderen Gründen als die meisten Leute, deren Autos Kennzeichen aus ganz Deutschland haben. Nicht selten sieht man auch ausländische Wagen aus Frankreich, Österreich und der Schweiz; sogar Dänen, Finnen und Holländer sind mir schon begegnet, haben angehalten und mich gefragt: »Unteraufen?« Ich sagte es schon: Alle Wege führen dorthin. Abkürzungen allerdings kann man nur zu Fuß nehmen. Wer sicher sein Ziel erreichen will, bleibt besser auf der Chaussee. Wo die Baumreihen rechts und links aufhören, steht ein Meilenstein. Rechts abbiegen und gleich wieder rechts. Das Schild »Unteraufen« läßt dann keinen Zweifel mehr aufkommen, daß man richtig ist. Unteraufen kann man nicht verfehlen.

Dort muß man gewesen sein, wenn man etwas auf sich hält.

Ich muß in eine andere Richtung. Die Gegend wird in dieser Richtung immer hinterwäldlerischer. Unter normalen Umständen würde ich als Frau alleine mich nicht hierher verirren, oder ich würde jemanden mitnehmen. Ich habe aber niemanden, den ich mitnehmen könnte, und es sind keine normalen Umstände.

Wer weiß, daß es noch so entlegene Dörfer gibt, in denen die Straßen auch die Höfe sind. Hier liegen die Misthaufen vor den Haustüren, hier wird neben der Straße Holz gespalten und gestapelt, und das Federvieh läuft frei herum. Mancher Autofahrer, der nicht rechtzeitig bei dem Meilenstein abbog und hierher geriet, fährt ein Huhn tot. Wenn im Wald Mäuse, Ratten, Dachse, Wiesel unter die Räder kommen, nimmt man es kaum wahr. Beim Zusammenprall mit größeren Körpern pflanzt sich die Erschütterung bis ins Wageninnere fort.

Die meisten Autofahrer haben es eilig und halten nicht an. Vielleicht hat der eine oder andere von ihnen im Rückspiegel noch erkannt, ob es sich bei dem Überfahrenen um eine Katze oder ein Wildkaninchen gehandelt hat. An unübersichtlichen Kurven, an Waldrändern, wo Wildwechsel sind, oder auch auf vorbeihuschenden Lichtungen kann jemand, der am Steuer sitzt, auch schon mal einen Blick auf einen jungen bärtigen Mann erhaschen, der aus dem Wald, hinter Gebüsch oder Kisten mit Streusand hervortritt und sich nach dem Plattgewalzten bückt.

Nachts ist auch in Schweden ein Elch in ein Auto gelaufen, als er, ungeachtet der rasanten Entwicklung auf unserem Planeten, die uralte Elchstraße von Norden nach Süden zog. Wenn das nicht in Schweden, sondern hier passiert wäre und er das verendete Tier gefunden hätte, sagte Michael, hätte er es nicht alleine wegschaffen können, denn der Elch habe siebenhundert Kilo gewogen, sein Fell sei salzverkrustet gewesen, weil er die Nordsee durchschwommen habe.

Wir saßen auf unserem Hochsitz, als Michael mir den Artikel vorlas, in dem ausführlich von dem Zusammenstoß eines Lasters mit dem Elch berichtet wurde. Ich hatte meinem Geliebten die Zeitung letzten Sonntag mitgebracht, allerdings ohne sie vorher durchblättert zu haben. Der Fahrer des Lasters, hieß es, habe einen Schock erlitten. Der Elch sei auf der Stelle tot gewesen.

Von dem Hochsitz aus kann man Unteraufen in der Sohle eines flachen Tals liegen sehen, einer Schüssel mit breitem Rand. Man sieht die Höfe des Dorfes traufseitig nach der Straße zu; die am weitesten entfernten klettern den Hang hinauf und haben auf der Bergseite die Einfahrten in die Scheunen. Alle Häuser sind quergeteilt, Wohnung, Wirtschaftsräume und Tenne unter einem Dach.

In einem dieser Bauernhöfe, dem vorletzten, hat man vor einiger Zeit die Tenne zu einem Versammlungsraum umgebaut, die Wirtschaftsräume zu Gästezimmern. »Während des Umbaus war ich selten zu Hause«, erzählte Michael mir damals. »Als ich in den Herbstferien aus dem Internat kam, war alles fix und fertig. Meine Mutter hat die Hände gerungen und geschimpft, aber mein Vater war nicht von seinen Plänen abgewichen.« Sein Vater hat recht behalten. Immer mehr Menschen kamen, um ihn in Unteraufen aufzusuchen; sie hatten seine Bücher gelesen und wollten sich Rat und Hilfe und Trost holen. Michaels Vater ist ein Publizist von Weltruf. »Ein begnadeter Barde«, sagte Michael, »ein Guru.« Jetzt spricht er nie mehr von ihm. Keine unterdrückte Minderheit, keine Opfer von Gewalt oder Katastrophen, keine Entrechteten, Erniedrigten, ihrer Freiheit und Menschenwürde Beraubten, für die Michaels Vater nicht leidenschaftlich seine Stimme erhöbe. »Den Mund der Stummen« nannte ihn ein Rezensent seiner Bücher.

Als ich Michael die Zeitung mit dieser Besprechung brachte, knüllte er sie, nachdem er den Artikel gelesen hatte, zusammen und rief in den Wald: »Tu deinen Mund auf für die Stummen und für die Sache aller, die verlassen sind.« Das war einer der Augenblicke, wo ich besser ging. Michael würde weiter den Vögeln predigten, ein Zeitgenosse des heiligen Franz von Assisi. Der

Hochsitz ist seine Kanzel. Falls sich eines Tages an seinen Händen und Füßen die Wundmale Christi zeigten, würde ich mich nicht wundern. Mich hat er dann vergessen oder hält mich für einen Specht, ein Eichhörnchen oder für einen Fasan.

Ich lasse meine Mitbringsel zurück: Brot und Wein, Butter, Wurst, Tee, Traubenzucker, Schokolade, Obst, Fertiggerichte, Socken, Papiertaschentücher, Handtücher zum Wegwerfen. Im Sommer Sonnenöl für seine pigmentarme, empfindliche Haut, eine Sonnenbrille für seine hellbewimperten sehr blauen Augen, die ich am meisten an ihm liebe. Im Winter bringe ich Handschuhe, lange Unterhosen, gefütterte Anoraks, neue Bindungen für seine Langlaufskier und, nicht zu vergessen, seine Tabletten. Es ist unwahrscheinlich, daß er sie schlucken wird.

Zeitungen habe ich nicht mehr in meinem Gepäck, wohl aber Bücher, zoologische hauptsächlich, die er eine Woche später ausgelesen hat. »Wußtest du, daß die Rotbarsche ihre Brut im Maul tragen und die Hummerweibchen vor der Begattung ihre Panzer ablegen und daß die winzigen Seepferdchen ihren Laich in eine Bruttasche der Männchen bugsieren?« Solche Mitteilungen machte er so begeistert, als habe er die Woche darauf gewartet, sie mich wissen zu lassen.

Michael wird die Lebensmittel und die anderen Sachen an sich nehmen oder nicht. In sieben Tagen werde ich es wissen. In sieben Tagen werde ich ihn antreffen oder nicht, ihn suchen. Nicht immer läßt er sich finden.

O mein Gott, was für eine Woche liegt vor mir, wenn er sonntags nicht zu unserem Hochsitz oder unsrem Schuppen gekommen ist, mir keine Nachricht hinterlassen hat, ich unverrichteter Dinge wieder umkehren und die selbstgekochte warme Mahlzeit alleine aus den Thermosdosen essen muß. Ich versuche dann, erleichtert zu sein, sage mir: So kann es nicht weitergehn. Das ist kein Zustand. Ich verschwende meine besten Jahre an einen Mann, der nur noch ein Schatten seiner selbst ist. Ich träume ja schon von überfahrenen Elchen und Igeln und in einem sich oft wiederholenden Traum von der Leiter, die zum Hochsitz führt. Da fehlen die Sprossen oder sie sind so brüchig, daß ich sie nicht mehr hinaufklettern kann. Michael aber ist hochgekommen und streckt seine Arme nach mir aus. Es wäre besser für ihn, er käme selbst unter die Räder bei einem seiner idiotischen Unterfangen, einen halbtoten Hasen vor dem nächsten Auto, das Richtung Unteraufen fährt, zu retten oder einen plattgewalzten von der Fahrbahn zu kratzen, einen zusammengerollten Igel in Sicherheit zu bringen. Und für mich wäre es besser, ein neues Leben anzufangen. Ohne Michael.

Michael steckt sein steinernes Handwerkzeug in einen Lederbeutel, der ihm am Gürtel hängt, und nimmt den Igel fest und behutsam in beide Hände. Er trägt ihn nur ein kleines Stück an einen sicheren Ort, weil die Jungen in der Nähe sein könnten. Er hockt sich neben ihn auf die Erde und sieht zu, wie die Stacheln sich entfalten, die kleine lange Schnauze, Augen und Ohren sich zeigen. Einmal habe ich mitangesehen, wie Michael einen Igel, der noch halb im Winterschlaf zu sein schien, mit seinem Atem anhauchte. Alle Zärtlichkeit, die er einmal mir geschenkt hat, vergeudet er jetzt an einen Igel.

Ich werde nie mehr seinen Atem in meinem Gesicht spüren, er wird mich nie mehr in den Arm nehmen. Anfangs hatte ich das noch gehofft. Da hat er uns einmal seine Decke um die Schultern gehängt, weil uns so fror, eine Art Mantelteilung: Die Decke stank wie ein regennasses Hundefell. Manchmal läßt er es zu, daß ich seinen Kopf nehme und ihn auf die Stirn küsse oder mein Gesicht in seinen Händen berge. Damit nehme ich nun vorlieb.

Beim Hinabsteigen vom Hochsitz prüfe ich, ob keine Sprosse morsch ist. Einige mußten schon ersetzt werden. Ich halte Verbindung mit dem Revierförster, auch mit einem Wildhüter und mit den Bauern in der Umgebung. Alle kennen Michael. Keiner fürchtet sich vor ihm, er kann ja keiner Fliege etwas zuleide tun, auch wenn er immer mit seinem flachen, spatenblattförmigen Stein bewaffnet ist. Vielleicht hat er ihn selber bearbeitet, oder fließendes Wasser schliff ihn so handlich im Verlauf von Abtragungen, die überhängende Felsufer zu Schotter mahlen.

Michael trennt sich nicht von seinem Schabstein, so wenig wie von seiner Feder, einer Fasanenfeder, das feine weiche Gefieder ineinander verzahnt durch kaum sichtbare Häkchen. Gefunden hat er sie nach einer Jagd, bei der er sich auf einem Baum am Rand einer Lichtung versteckt hielt, weil ihn sonst die Hunde aufgestöbert hätten. Der Fasan schaffte es nicht mehr bis ins erste Dickicht und duckte sich so tief ins Gras und ins durchschossene Laub, daß er von der hechelnden Hundemeute und den heranpirschenden Jägern überlaufen wurde. Lange erst nachdem wieder Ruhe eingetreten war, der Specht wieder rief, der Pirol wieder flötete, erhob sich der Fasan, schüttelte sich und ließ eine Feder für Michael zurück.

Er hat es mir oft in allen Einzelheiten erzählt, mindestens so oft wie die Geschichte mit dem Hahn, den seine Mutter köpfte, um ihn zu schlachten, der sich aber aus ihren Händen befreite und geköpft noch weiterlief. »Und meine Mutter lief fluchend hinterher.«

Ein Bild, das Michaels Gedächtnis nicht wieder los wird. Wie dem Bluter ein Gerinnungsstoff fehlt, so daß nach geringsten Verletzungen Blutungen einsetzen, die nur schwer oder gar nicht zu stillen sind, fehlt Michael ein Stoff, der ihn robust macht, ihn so ausstattet, daß er die Mühsal des Lebens ertragen kann.

Ich habe lange gebraucht, bis ich einsehen konnte, daß Michael der geborene Verlierer ist. Man muß ihn seine Marterstraße ziehen lassen.

Die Leute in der Umgebung belästigen ihn nicht, sie hänseln ihn nicht und tippen sich auch nicht hinter seinem Rücken an die Stirn. Sie haben nicht vergessen, daß dieser arme Irre eigentlich zu ihnen gehört. Und keiner der Bauern oder Bäuerinnen pilgert zu seinem Vater, um sich im Versammlungshof die Ausführungen des Weltverbesserers anzuhören.

In dieser katholischen Gegend wird eine Erscheinung wie Michael leicht zu einer Legende. In vielen Höfen, in Einödhöfen vornehmlich, findet der Unbehauste, falls er auftaucht, Unterschlupf. Die Frauen geben ihm eine warme Mahlzeit, ohne daß er darum bitten muß. Sie waschen ihm seine Wäsche, und, ehe er wieder das Weite sucht, packen sie ihm einen Laib selbstgebackenes Brot in den Rucksack, über dem sie vorher das Kreuz geschlagen haben. »Bis zum nächsten Mal, Michael.«

Aber er taucht selten auf. Er hat seine Schlafstellen in Schobern, Steinbrüchen, in dem verlassenen Stollen eines Bergwerks. Es ist eine wohnliche Gegend; Unterschlüpfe, Ställe, Steinriegel gibt es allenthalben. Ich sollte mir weniger Sorgen um ihn machen. Physisch ist er nicht schutzlos. Im Ernstfall würden ihn die Raben speisen und sich Quellwunder ereignen.

Am häufigsten läßt Michael sich bei den Bauern in

strengen schneereichen Wintern sehen, aber selbst da hat er es schon einmal vorgezogen, sich einen Iglu zu bauen. Dort hat man ihn aufgegriffen und wieder in die Klinik gebracht. Wieder einmal hat man ihn fachärztlich untersucht, mit Psychopharmaka behandelt, Schlafkuren verordnet; ein Hypnotiseur und ein Psychotherapeut haben sich um ihn bemüht. Es ist alles geschehen, was die moderne Medizin an Hilfe bieten kann.

Nach seinem ersten Verschwinden vor sechs Jahren habe ich selbst ihn aufgestöbert und ins Krankenhaus bugsiert – vom Rand einer eingefaßten Quelle weg, wo er sich Gesicht und Hände wusch und seinen Durst stillte, ab in die Klinik. Was sonst hätte mir in den Sinn kommen sollen? Damals habe ich ihn nur bemitleidet, noch viel mehr mich selbst – die Freundin eines vielversprechenden Mannes, der plötzlich überschnappt, sich im Wald verkriecht, daß einem unheimlich wird.

Besser wäre gewesen, wenn ich ein paar Tage bei ihm in der Natur geblieben wäre. Ich hätte früher gewußt, woran er krank geworden war – wenn man seine Passion denn eine Krankheit nennen will –, hätte besser begriffen, weshalb er zwanghaft immer das Nächstliegende tun muß; ihm blieb buchstäblich nichts anderes übrig.

Er hat alle Hände voll zu tun: kein Tag, an dem nicht irgend etwas Gefährdetes von Straßen und Wegen getragen werden müßte, und sei es nur eine Schnecke, ein Käfer, der auf dem Rücken liegt, oder an Glückstagen dutzende Kröten, die an einem ungewöhnlich warmen Aprilmorgen zu ihren Laichplätzen aufgebrochen sind. Mituntern, selten freilich, kann er ein vom Auto oder von einem Mähdrescher erfaßtes Tier wieder aufpäppeln. In der Regel muß Halbtotem Quälerei erspart werden, das stumme Verrecken, und Verendetes muß bestattet werden.

Er hat Friedhöfe angelegt, einen davon in einem lichten Mischwald, an dessen Rand ein Wegkreuz und ein Kapellchen stehen, ein so kleines, daß man sich beim Eintreten bücken muß, ein rührendes Kapellchen mit einer Schutzmantelmadonna auf dem Tisch, verglasten Heiligenbildchen an den Wänden, Bitt- und Danksprüchen in Immortellenkränzen und immer frischen Blumen vor der Madonna. Von ihr heißt es, sie habe früher an der Außenmauer einer Kirche gestanden, damit zu Pestzeiten die Kranken zu ihr kommen konnten, ohne die Gesunden in der Kirche anzustecken. Manch einer, der schon die Hoffnung aufgegeben habe, wieder gesund zu werden, sei hier geheilt worden, weil die Blikke der Madonna auf ihn gerichtet gewesen seien. Augenwende nennen die Leute heute noch dieses Wunder.

Von hier bis zu Michaels Friedhof sind es nur wenige Schritte. Er hat lockere Humuserde hergeschafft, damit der Grabschmuck im Frühjahr gedeiht: Himmelschlüssel, wilde Stiefmütterchen, Küchenschelle, Seidelbast, Pfaffenhütchen. Jedes Grab ist durch ein kleines Holzkreuz gekennzeichnet. An müßigen Tagen schnitzt Michael Kreuzvorräte für künftige Opfer.

Er ist glücklich. Ein Sonntagskind geradezu mit seinen glücklichen Händen, die Igel von der Straße tragen, mit seinen glücklichen Augen, die jede Spur lesen können. Auf seiner Kanzel gar könnte man ihn glückselig nennen, falls Glückseligkeit Wunschlosigkeit ist.

Wo steht geschrieben, daß man auf der Höhe der Zeit zu sein hat? An einem unserer ersten Wochenenden habe ich Michael ein Handy mitgebracht – das sei unentbehrlich, damit wir einander jederzeit erreichen könnten. Ich habe ihm ein tragbares Radio mitgebracht, daß er Musik empfangen kann. Auch mit einem Feldstecher versuchte ich ihm eine Freude zu machen. Umsonst. Er hat alles einem jungen Bauernsohn weiterverschenkt; der habe sich gefreut wie ein Kind zu Weihnachten, am meisten über den Feldstecher. Michael braucht sich seine Sehenswürdigkeiten nicht nahe vor Augen zu führen. Er sieht den Bussard aus großer Höhe niedergleiten, sieht ihn über seiner Beute rütteln und, wenn die scharfen Fänge zupacken, rüttelt es ihn auch.

Einmal legte ich meine Stirn an eine Sprosse des Hochsitzes und schwor mir, nicht wiederzukommen. Was hatte ich hier verloren? Soll sich doch seine Mutter um ihn kümmern. Weiß der Himmel, ob sie überhaupt noch existiert und nicht ein Vexierbild ist zwischen den Zweigen der hohen Kastanien, die bis an den Spitzgiebel des Vaterhauses reichen, zwischen den parkenden Autos aus aller Welt, zwischen den Rippen des großen Meisters.

Ich lebe noch in derselben Stadt, in der ich mit Michael zusammen studiert habe. Von meinen Bekannten und Arbeitskollegen fragt kaum noch einer nach ihm, und falls das doch einmal geschieht, erkundigt man sich, wo in aller Welt eigentlich der Sohn des berühmten Schriftstellers abgeblieben sei; wie man höre, habe er eines Tages durchgedreht? Typisch für Söhne berühmter Männer, neben denen keinem anderen Luft zum Atmen bleibe. Sei der Sohn nicht so eine Art religiösem Wahn erlegen? Ja schon, sage ich dann, aber das wisse ich auch nicht so genau.

Samstags kaufe ich in überfüllten Selbstbedienungsläden, was Michael meiner Meinung nach zum Überleben braucht. Der Weg zu ihm wird mir immer weiter. Aber fahren werde ich ihn immer wieder – ein Entschluß, der fällt, unberührt vom Begreifen. Ich habe mir diese Passion nicht ausgesucht.

Hinter jedem Mann, der mir begegnet, sehe ich das Phantombild eines Verschollenen, den es nicht mehr gibt und der doch vorhanden ist in einer unfaßbaren Existenz. An den Wochenenden lasse ich zu, daß dieses

Phantom Gestalt annimmt, Augen bekommt, Sprache spricht, mir manchmal ein Lächeln schenkt und mir seine Decke um die Schultern legt. Wer sagt mir, ob Michael nicht auf mich wartet?

Stabile Währung

Sie waren alle miteinander verwandt, Eltern, Großeltern, Kinder, Enkel, Brüder, Schwestern, Neffen, Nichten, Cousins, Cousinen, Schwager und Schwägerinnen, Tanten und Onkel. Viele trugen dieselben Familiennamen, sie hießen Kadosh, Levy, Buskila, Ifrach und hörten auf dieselben Rufnamen Moshe, Aaron, Sincha, Rachel, Sarah. Zwischen achtzig und neunzig Mitglieder zählte der Clan, je nachdem, ob Alte gestorben oder Kinder geboren waren.

Sie wohnten seit Generationen unweit von Fez, der von uralten Stadtmauern umschlossenen Stadt, die noch kaum vom Lauf der Zeiten berührt worden war, in der dennoch modernste Technik und ungebrochene Tradition aufeinanderprallten. Araber, Berber, Juden, Andalusier und von Gott weiß woher zugewanderte Landflüchter lebten hier nebeneinander, ohne sich zu nahe zu kommen. Die Regeln dieses Zusammenlebens waren streng und wurden nicht in Frage gestellt.

Die jüdischen Siedler außerhalb der Stadtmauern wohnten, wie ihre Glaubensbrüder im Judenviertel von

Fez, unbehelligt hier, nicht eben in Reichtum, aber zufrieden. Sie waren Schneider, Silberschmiede, Parfumiers, Taubenzüchter, Händler und Trödler auf dem Bazar. Den arabischen Köchen in den Garküchen, den Gerbern, Kupferschmieden, Töpfern, Gewürzhändlern und Minzeverkäufern durften sie nicht in die Quere kommen.

Die Häuser der Siedlung waren nicht so eng ineinandergesteckt wie die Häuser in der Altstadt. Hier draußen hatte jede Familie einen offenen Hof, in dem die Kinder Murmeln spielen und die Frauen Wäsche trocknen konnten. Auf den meisten Höfen wuchs in der Mitte ein Zitronenbaum oder eine Palme, in den schönsten plätscherte ein Springbrunnen.

Ja, sie lebten gerne und zufrieden hier. Daß in Europa nun schon der Zweite Weltkrieg zuende gegangen war, berührte sie nur insofern, als es einen alten, aus Deutschland entkommenen Dr. Seligmann, einen Bankdirektor, hierher verschlagen hatte.

Die Kadoshs, Levys und Sinchas gehörten nicht zu den konvertierten Juden wie die Chakrouns und Kohens, von denen viele die Vorteile wahrgenommen hatten, die sie in Marokko als Moslems genossen. Die Juden, deren Geschichte hier erzählt werden soll, waren fromm. Ihr Betsaal lag mitten in der Siedlung. Ein Vorbeter, ein Chasan mit mächtiger Stimme, leitete die Gottesdienste. Sein Singsang, ein Sprechgesang, war weithin berühmt. Oft kamen Gläubige aus der Stadt, oder man lud ihn in die dortige Synagoge ein.

Rabbi Bashi war für alle Rechtsfragen und Streitigkeiten zuständig und unterrichtete die fünf- bis achtjährigen Kinder. Die älteren gingen in die Judenschule nach Fez. Ihr Weg führte sie durch das Gerberviertel und weiter an der prachtvollen Koranschule entlang. Die Schülergruppen zogen lärmend aneinander vorbei, manchmal drängten die Moslems die Juden vom Bürgersteig.

Das Gelände, auf dem der große Clan wohnte, lag ein gutes Stück von der Straße entfernt in einem flachen Tal. Ursprünglich gehörte das Land einem Scheich. Der hatte den Familien angeboten, hier zu siedeln, weil zwei ihrer Männer die raffiniertesten Parfümhersteller weit und breit gewesen waren. Die Frauen des Scheichs liebten Moschus, Bisam, Ambra, Myrrhe und salbten sich mit Sandelöl und Zedernöl. Das ist lange her, aber immer noch gab es einen kleinen Betrieb, in dem alle Wohlgerüche Arabiens sich mischten. Die Zerstäuber und geschliffenen Flakons kaufte der Parfumier in Fez ein, auch die Seide für die Duftkissen. Seine Waren wurden wie die meisten Lasten bis heute auf Eseln transportiert, die den Weg durch die engen Gassen fanden, wo Autos nicht mehr fahren konnten.

Mittlerweile betrachteten die Siedler den Boden, auf dem sie ihre Häuser gebaut hatten, als ihr Eigentum.

Die Urenkel oder Großneffen des Scheichs hatten in dem Palast ein Nobelhotel eingerichtet. Man erzählte sich Wunderdinge von den Gästezimmern mit Mosaikböden und filigranem Dekor an Decken und Wänden und Betten unter seidenen Baldachinen. In jedem der begrünten Gartenhöfe sollte ein Pool sein, an dem morgens und abends das Bufett mit erlesenen Köstlichkeiten aufgebaut war. Touristen aus aller Herren Länder kamen hierher, weil das Restaurant auch eine Alkohollizenz hatte.

Die Juden kümmerte das wenig. Nur auf dem Bazar begegneten ihnen die Fototouristen, gute Kunden für die Schmuck- und Andenkenverkäufer. Schlangenbeschwörer zogen mit ihrem nervösen Flöten die Leute magisch an, so daß die Händler zu allen Jahreszeiten gute Geschäfte machen konnten. Auch Geschichtenerzähler gab es hier noch immer. Ihr Repertoire war unerschöpflich wie das des Scheharaze, der tausendundeine Nacht lang seine Töchter mit den schönsten Märchen unterhielt. Obgleich ein Kauderwelsch aus Berberisch, Französisch, Spanisch und Arabisch gesprochen wurde, blieben die Leute stehen, denn es wurde mit Händen und Füßen und Grimassen geredet.

Wunderbare Geschichten wußte auch Rabbi Bashi. Eine davon erzählte von jüdischen Siedlern, die vor mehr als hundert Jahren im Vorland des Atlasgebirges seßhaft geworden waren, nahe an einem der kleinen

Flüsse, die in den Sou münden. Unter der Türkenherrschaft wurden die Fremden vertrieben. Weil sie fürchteten, es könnte ihnen auf der Flucht in unbekanntes Land das wertvollste, was sie besaßen, die Tora, abhanden kommen, vergruben sie den Schrein mit den heiligen Pergamentrollen, in einer Holzkiste verpackt, tief in der Erde. Auch sollte es ein Zeichen dafür sein, daß sie ihre Heimat nicht aufgeben würden. Nach zwanzig Jahren konnten sie tatsächlich zurückkehren. Sie trauten ihren Augen nicht, als sie sahen, daß das Flüßchen sich ein neues Bett gesucht und einen Bogen um die Stelle gemacht hatte, wo die Tora begraben war, um das Heiligtum nicht zu beschädigen oder nach anhaltenden Regenfällen gar fortzuspülen. »Das«, pflegte der Rabbi seine Geschichte zu beenden, »war nur eins der Wunder, die Gott an uns getan hat.«

Jetzt war in der Siedlung bei Fez wieder Zeit für ein neues Wunder, ein mindestens so unerwartetes wie das vom Sou. Es erschien nämlich eines schönen Tages – eines gar nicht schönen Tages – ein Mufti, der Rabbi Bashi ein Schreiben der Scheicherben überbrachte. Darin stand geschrieben, daß den Siedlern das Land zum Jahresende gekündigt werde, weil man es selbst benötige.

Ohne eine Antwort abzuwarten, bestieg der Mufti sein Automobil und ließ den bestürzten Rabbi zurück. Der hätte dem Boten und seinen Auftraggebern am liebsten alle Plagen des Pharao gewünscht. Doch ein Rabbi darf nicht fluchen. Wie sollte er der Gemeinde beibringen, daß ihres Bleibens hier nicht länger sein durfte?

In den fünfziger Jahren waren viele Juden, vor allem aus Rabat und Casablanca, nach Israel ausgewandert, weil der immer fanatischer werdende Nationalismus der Araber sie vertrieben hatte. Hier in Fez ließ es sich noch gut leben. Weshalb also, dachte der Rabbi, sollten wir jetzt alles stehen- und liegenlassen wie die Seligmanns oder wie unsre Leute vom Sou, die ihre Tora vergraben hatten, oder wie einst die von den Babyloniern und Römern verschleppten Israeliten, von denen Jesaja und Jeremia berichten? Haben wir keine bleibende Statt, ein wanderndes Gottesvolk bis zum heutigen Tag?

Doch bevor der Rabbi seine Leute aufscheuchte, erkundete er alle Möglichkeiten, Einspruch gegen die Kündigung erheben zu können. Seit 1962, also schon seit einem Jahr, garantierte die neue Verfassung allen Bürgern, gleich welcher Religion oder Volkszugehörigkeit, Meinungs- und Versammlungsfreiheit, Eigentums- und Streikrecht. Es mußte ein Gesetz geben, auf das die Familien sich berufen könnten. Seit König Hassan der Zweite den Thron bestiegen hatte, war er Vorsitzender des Obersten Richterkollegiums. Dort sollte man vorstellig werden. Erst aber würde der Rabbi beim

Hohen Rabbinergericht in Rabat Rat einholen und danach das Appellationsgericht in Fez bemühen.

Auf keinen Fall durfte die Gemeinde vom Schreiben aus dem Palast erfahren, bevor er die Sachlage nicht geklärt hatte. Großes Jammern und Klagen würde die Hiobsbotschaft auslösen. »Wie können wir des Herrn Lied singen in fremdem Land.« Eine Panik würde ausbrechen, wer weiß, was die Menschen in ihrer Verzweiflung anrichten würden. Rabbi Bashi betete ein ums andere Mal den hundertsiebenunddreißigsten Psalm »An den Wassern Babels saßen wir und weinten ... wohl dem, der dir vergilt, was du uns angetan.«

Rabbi Bashi stieg auf das Dach seines Hauses. In heißen Nächten schlief er hier oben unterm Moskitonetz, weil es in den niedrigen Stuben zu stickig war. Bei Westwind hörte man die Rufe des Muezzims bis hierher. Am östlichen Horizont lag flimmernd vor Hitze der Palast, das Nobelhotel, eine Fatamorgana in der Wüste. Man munkelte, die Touristen bevorzugten neuerdings das Palais Jamai oder das Melia Palais Salam in der Stadt, das an Pracht alle anderen Hotels in den Schatten stellte. Also, folgerte der Rabbi, suchte der Sultanerbe nach zusätzlichen Einnahmequellen. Sollte er sein Land jetzt teuer als Bauland verkaufen wollen oder will er ganz und gar auf dem Sandboden Cannabis pflanzen, um nach umständlicher Aussaat, Bewässerung und Aufzucht den kostbaren Blütenstaub zu ernten? Der Anbau von Hanf ist zwar offiziell nicht verboten, aber Transport und Verkauf waren strafbar. Allerdings weiß jeder, daß nichts leichter ist, als die Polizei zu bestechen, die Konterbande an die Küste zu bringen und übers Meer zu schmuggeln.

Ist der Hotelbesitzer so verschuldet, daß er seinen guten Ruf riskierte? Vielleicht beabsichtigt er ja nur, Plantagen mit Apfelbäumen oder Zitrusfrüchten anzulegen? Wie auch immer, er muß gezwungen werden, seine Kündigung zurückzunehmen.

Beim Hohen Rabbinergericht in Rabat und beim Appellationsgericht in Fez machte man dem Rabbi wenig Hoffnung. Wenn ein Grundbesitzer sein Land zu nutzen beabsichtige, könne er demjenigen, dem er es zur Verfügung gestellt hatte, kündigen. Es sei denn, es gebe einen gültigen Schenkungs- oder Kaufvertrag.

Dem Rabbi blieb nur noch der Weg zum Obersten Königlichen Richterkollegium. Dort wollte er eine Petition einreichen, die alle Gemeindeglieder unterschreiben sollten. Dieser Plan wurde von Tag zu Tag und Woche zu Woche verschoben. Der Rabbi schlief schlecht, auch der Appetit war ihm vergangen. Seine Frau machte sich große Sorgen. Sie schlug ihm vor, einen Arzt aufzusuchen.

Der Rabbi hingegen schloß sich in seine Stube ein und wartete auf ein Wunder.

Das Wunder geschah kurz vor Jahresende. Da kam

der Mufti wieder vorgefahren. Diesmal hatte er kein Schreiben zu übergeben. Er ließ sich sogar ins Haus bitten. Die Hausfrau servierte ihm eine Tasse Tee, an der er genüßlich schlürfte.

Während er sich eine Pfeife stopfte, sagte er im Plauderton, man habe sich die Sache anders überlegt. Die Siedler könnten hier wohnen bleiben, allerdings unter einer Bedingung. Der Hotelbesitzer habe größere Grundstücke in der Umgebung erwerben können, um dort Plantagen mit Apfelsinen und Clementinen anzulegen. Der Rabbi habe vielleicht davon gehört, daß ein gewisser Pater Clemens, ein Christ also, Allah soll ihn verfluchen, doch eine gute Idee gehabt habe. Der habe nämlich einst in Algerien ein Kloster gegründet und da auch Apfelsinen angepflanzt. Aber zwischen zwei Ernten sei immer eine dreimonatige Pause gewesen, in der die Plantage brach gelegen habe; der schlaue Pater habe dann solange verschiedene Apfelsinensorten gekreuzt, bis eine kleine, saftige, kernlose Frucht herausgekommen sei, die man das ganze Jahr ernten könne. Die sei dann nach ihm Clementine genannt worden, und die wolle man nun auch hier anbauen, denn in Europa sei sie so gefragt, daß man mit dem Export kaum nachkommen könne.

Dem Mufti war über seiner langen Rede die Pfeife ausgegangen. Umständlich setzte er sie wieder in Brand, zog dann die Schultern bis an die Ohren und meinte, natürlich müsse der Boden für so eine Plantage gut gedüngt werden. Und dies sei nun der Vorschlag, den er zu unterbreiten habe: Wenn die Siedler ihre, wie solle er sich ausdrücken, also ihre Exkremente in neu zu errichtenden Aborten und Sickergruben sammelten, würde man die Kündigung zurücknehmen. Von Zeit zu Zeit würden die Gruben dann in Tankwagen abgepumpt werden. Das sei doch ein Angebot, oder? Alle könnten umsonst hier wohnen bleiben.

Nachdem der Mufti wieder abgefahren war, lief der Rabbi durch die Gemeinde. Endlich konnte er erzählen, was er durchgemacht und welche Ängste er allen erspart hatte. Kein Gericht der Welt hätte verhindern können, ihnen ihr Land wegzunehmen. Doktor Seligmann meinte, das sei zwar keine appetitliche Lösung, aber nun könne man künftig die Pacht in stabiler Währung entrichten.

Das Hörgerät

Jeder Tod hat sein Gelächter.
BALTISCHES SPRICHWORT

Erd-, Feuer-, Seebestattung – wie hätte der Verblichene es gern gehabt? Bitte kein Brimborium. Das hätte er gesagt. Verschont mich, um Himmelswillen.

Er hatte nicht mit Martha, seiner Ehefrau, nunmehr Hinterbliebenen, gerechnet, die dem Gatten zu seinen Lebzeiten alles abnehmen und ihm den Rücken freihalten mußte, auf daß er unbehelligt von den Widrigkeiten des Alltags arbeiten konnte. Martha ergriff jetzt die Initiative und organisierte, was zu organisieren war.

Ihren Mann hatte, das muß gesagt werden, der Tod im Appartement seiner letzten Geliebten oder seines letzten Modells ereilt. Die Überführung in die Leichenhalle und die Aufbahrung in einem Eichensarg mit Metallbeschlägen mußte in die Wege geleitet, eine Grabstelle erworben werden. Die Witwe bestellte Crysanthemen, Strilizien und gelbe Rosen als Grabschmuck; die Gärtnerei lag ihrem Haus gegenüber. Die junge Gärtnerin versprach, auch in dieser Jahreszeit zu tun, was in ihren Möglichkeiten stand. Der Steinmetz schaffte einen Feldstein herbei, mächtig wie ein Findling. Mit der Trauermusik wurden vier Streicher des

Städtischen Orchesters betraut. Martha stellte einen üppigen Leichenschmaus im ersten Restaurant am Platze zusammen, entwarf den Text für die Todesanzeige, die, auf Bütten gedruckt, Verwandten, Freunden und Kunstliebhabern das Hinscheiden ihres über alles geliebten Mannes, des treusorgenden Vaters seiner Kinder mitteilte. Daß er ein namhafter Maler gewesen war, erübrigte sich, hinzuzufügen. Auch in einer überregionalen Tageszeitung erschien eine Anzeige mit demselben Wortlaut. Frau Martha wußte, was sie einem Künstler von Rang schuldig war. Man würde eine Straße nach ihm benennen, eine Schule vielleicht, einen Preis für junge Kunstschaffende, und seine Bilder würden von Jahr zu Jahr wertvoller werden.

Verwandte, Freunde und Nachbarn schüttelten den Kopf über die aufwendige Inszenierung und mutmaßten, die gute Martha habe sich Geld geliehen, ihre letzten Ersparnisse aufgebraucht oder Bilder verkauft, denn der Gatte hatte sie ein Leben lang kurz gehalten. Daß er, der Lebenskünstler, der Tausendsassa, so etwas wie eine Sterbegeldversicherung abgeschlossen hatte, damit wenigstens die Bestattungskosten gedeckt werden konnten, war kaum anzunehmen. Und daß sie keine Bankvollmacht hatte, wußten manche.

Nur der Herr Pfarrer war im Bilde, was hinter aller Betriebsamkeit der Witwe steckte, und den verpflichtete das Beichtgeheimnis zu völligem Stillschweigen über alles, was ihm in einem langen Gespräch aus dem Mund seines treuen Gemeindegliedes zu Ohren gekommen war.

Da man mit auswärtigen Gästen rechnen konnte, ließ Martha im Dortinthotel Zimmer reservieren, die sie vorher zu sehen wünschte. Sie, die immer hinter dem Gatten zurückgetreten war, sich gewissermaßen unsichtbar gemacht hatte, rückte unversehens in den Mittelpunkt des Geschehens. Die letzte Geliebte, um noch einmal auf sie zurückzukommen, würde, falls sie sich überhaupt erdreistete, in Erscheinung zu treten, ein Nichts neben Martha sein, ein Nichts unter ihresgleichen, anderen Nichtsen, die womöglich auch die Dreistigkeit besäßen, an der Beisetzung teilzunehmen.

Ihrer in den Staaten lebenden Tochter schickte Martha per Fax die Todesanzeige mit dem Zusatz: »Verspäte dich bitte, mein Herz.« Den Sohn in Paris würde eine Grippe oder ein Hexenschuß fernhalten. »Was findest du glaubwürdiger«, fragte er am Telefon, »Grippe oder Hexenschuß?« Dann machte er seiner Mutter übermütig den Vorschlag, statt des Feldsteins ein digitales Grabmal zu erstellen: So etwas gebe es allen Ernstes schon; man könne da zu Lebzeiten des Verstorbenen aufgenommene Fotos auf einem Bildschirm abrufen, Besucher des Grabes könnten zudem E-Mails senden und empfangen, und man könne Botschaften des Dahingegangenen für die Nachwelt zum Abrufen programmieren. Das Wunderwerk koste übrigens die Kleinigkeit von 180 000 Euro. »Ach Mumm, du müßtest an meinem Arm zum Friedhof gehen, aber du weißt ja, was nicht geht, geht nicht; wir hatten eben nur einen Erzeuger. Ich komme, wenn er unter der Erde ist.«

Martha schritt am Arm des Oberbürgermeisters zur Beisetzung. Ihr Triumphzug durch adventlich geschmückte, von Lichterketten überspannte Straßen. Hinter ihrem Trauerschleier sah sie die Leute am Straßenrand stehen oder in den Fenstern lehnen. Weil es ein besonders frostiger Dezembertag war, zwanzig Grad unter Null, blieben so manche, die hatten kommen wollen, zu Hause, Ältere vor allem, sehr Alte. Abgesehen von den Beauftragten der Presse, der Akademien und einigen Galeristen versammelten sich vornehmlich junge Trauergäste in der Leichenhalle, Kunststudenten und auffallend viele junge Damen, blonde, langhaarige, und schwarz stand ihnen so gut. Sie sahen aus, als ob sie Jessica oder Lilian hießen. Die meisten von ihnen meinte Martha schon einmal im Atelier gesehen zu haben, als Bleistift-, Kreide- oder Röthelzeichnung, nach Modiglianischer Manier in die Länge gezogen oder à la Botero aufgeblasen.

Und dem Sarg mit Silberputten, dachte Martha ein ums andere Mal, folgten zweiundzwanzig Nutten. Ihr Mann hatte es oft zitiert und dazugesagt: ein Teufelskerl dieser Tucholsky. Hierzulande nannte man Nutten

Schicksen. Zweiundzwanzig waren es wohl nicht; Martha zählte zwölf, die sich am Sarg versammelt hatten. Jede trug eine gelbe Rose in der Hand, die Lieblingsblume des Toten. Ob die Rosen echt oder aus chinesischer Seide waren? Zwölf gelbe Rosen. Gelbe Rosen auf dem Sargdeckel. Gelbe Rosen eingeflochten in die aufgestellten Kränze. Schwarze Rosen auf die Kranzschleifen gedruckt. Das Largo von Händel. Das unvermeidliche Air von Bach. Die zwölf zogen ihre Taschentücher, um sich die Tränen abzutupfen. Die Eiseskälte. Die Gänsehaut. Martha glaubte ihre Zähne klappern zu hören.

Zum Glück faßten sich die mit Nachrufen beauftragten Herren kurz. Auch der Geistliche beschränkte sich mehr aufs Liturgische, auf ein paar Verse aus den Klageliedern Jeremias und den Sprüchen Salomos: »Wem eine tüchtige Frau beschert ist, die ist viel edler als köstliche Perlen.« Gesprochen mit sonorer, weithin klingender Stimme: »Ihres Mannes Herz darf sich auf sie verlassen, und Nahrung wird ihm nicht mangeln.« Mein Gott! Marthas Brillengläser beschlugen so, daß sie beim Händeschütteln manchmal danebengriff.

Der Sarg würde noch aufgebahrt bleiben. Die Friedhofsarbeiter hatten in den vergangenen Tagen die Grube in der steinhart gefrorenen Erde nicht ausheben können. Weil die Kinder nicht pünktlich zur Beerdigung erscheinen konnten, wurde der Sargdeckel noch nicht festgeschraubt. Sohn und Tochter, meinte der

Bestatter, wollten sich gewiß noch von ihrem Vater verabschieden.

Nach der Mittagsruhe ging Martha in die Gärtnerei hinüber, um die Rechnung für den Sargschmuck zu begleichen. Die junge Gärtnerin hatte an der Trauerfeier teilgenommen. Danach, erzählte sie, sei sie noch eine halbe Stunde in der Leichenhalle geblieben, weil man heutzutage leider Gottes darauf gefaßt sein müsse, daß Langfinger Kränze und Blumen stiebitzten, eine Schande. Na und da – also sie habe ihren Augen nicht getraut – seien keineswegs Diebe aufgetaucht, sondern Damen, schicke, blonde, die etwas bringen wollten. Zu zweit oder zu dritt seien sie erschienen, hätten ihr freundlich zugenickt, den Sargdeckel etwas beiseite geschoben, und jede habe dem Verstorbenen irgendwas zugesteckt, ein Andenken oder so; der reinste Pilgerlauf der Frauen sei das gewesen.

Am Nachmittag dieses Tages, als soweit alles überstanden war, ging Martha noch einmal zum Friedhof, um sich die Bescherung anzusehen. Der Sargdeckel stand einen Spalt offen. Eine der fraglichen Damen – die letzte vielleicht – betrat unmittelbar nach Martha die Leichenhalle, als könne sie sich nicht trennen, lächelte die Witwe an und hielt ihr etwas entgegen, als müsse sie sich die Genehmigung erbitten, es dem geliebten Toten beigeben zu dürfen. Es handelte sich um das Hörgerät, dessen sich der Verblichene so geschämt, das er so verflucht hatte, mit dem er nie zu Rande gekommen war. Und Martha, was Martha war, rückte sogar den schweren Deckel noch ein wenig mehr zur Seite. Mit einem Blick konnte sie alle möglichen Grabbeilagen erkennen, Haarsträhnen, blonde lange, mit Schleifchen zusammengebunden, einen Apfel, einen Taschenkamm, einen Rasierpinsel und jede Menge gelbe Rosen, chinaseidene, unverwelkliche; ach, fast schämte Martha sich, daß sie rein gar nichts bei der Hand hatte, um es dazu tun zu können.

»Warten Sie«, flüsterte das Mädchen, kramte in ihrer Umhängetasche eine Schere hervor und schnitt Martha eine ihrer grauen, dauergewellten Locken ab.

»Darf ich?« Sie legte Marthas Haar neben die Schulter des Toten, stöpselte ihm dann geschickt das Hörgerät ins Ohr, bekreuzigte sich, umarmte Martha und seufzte: »Wir haben beide viel verloren.«

»Ach ja, meine Liebe.« Martha bekreuzigte sich auch, überzeugt, daß der Entschlafene sie gehört hatte. Sie hakte die junge Dame erleichtert unter und schlug ihr vor, sie ins Atelier zu begleiten; dort könne sie sich ein Bild oder eine Zeichnung als Andenken aussuchen.

Das Atelier war ungeheizt. Den beiden Frauen aber wurde ganz warm ums Herz beim Betrachten der zum Teil aufgehängten, zum Teil an den Wänden lehnenden Bilder. Beiden kam nicht in den Sinn, daß die Kunstwerke nach dem Tod ihres Schöpfers doppelt und dreifach so viel Wert haben würden wie zu seinen Lebzeiten. Kopfschüttelnd, mit zusammengepreßten Lippen bestaunte die junge Frau, was sie da zu sehen bekam. Sie hatte ja immer gewußt, daß ein großer Künstler ihr Liebhaber gewesen war, nun war sie überwältigt. Kaum wagte sie in den Mappen herumzublättern. Martha ging in die Küche und kam mit einer Tasse heißen Tee und selbstgebackenem Napfkuchen zurück. In der Zwischenzeit hatte sich Elfriede – so hieß das Mädchen – eine Kreidezeichnung ausgesucht, auf der sie sich unschwer selbst erkannte, einen stehenden weiblichen Akt, eine Eva mitten im Paradies zwischen Rosen und Ranken, ganz unverfremdet und ohne Feigenblatt.

Martha rollte das Geschenk vorsichtig zusammen, drückte es Elfriede in die Hand und begleitete sie dann bis zur Bushaltestelle, nicht ohne ihr versprochen zu haben, sie zur nächsten Ausstellung einzuladen.

Ein unverhofftes Wiedersehen

Kurz bevor in Berlin die Mauer fiel, teilte mir Lydia mit, daß es dieses Jahr nun doch nach Kreta gehe. Jahrelang habe ich Lydia ausgeredet, eine Reise nach Kreta zu organisieren; es gebe viele interessantere und kulturell ergiebigere Inseln als ausgerechnet Kreta, Sardinien zum Beispiel, Korsika, Rhodos, nach Rhodos müßten wir unbedingt oder auf eine der herrlichen Inseln des Pelepones.

Lydia ist die Reiseveranstalterin. Sie hört auf mich; ich bin seit über zwanzig Jahren ihre beste Kundin. Außer mir finden sich auch andere Getreue immer wieder bei ihr ein, Weltenbummler, Fernwehkranke, Einsame, die sich in der kleinen Schar, nie mehr als zwölf, wie zu Hause fühlen und die am Ende jeder Reise beim Abschied beteuern, das nächste Mal, so Gott will und wir leben, bestimmt wieder mit von der Partie zu sein. Die meisten sind über sechzig, einige wie ich über siebzig, pensionierte Beamte, betuchte Unternehmer, Karrieremacher, die ihren Lebensabend genießen und noch sehen wollen, was die Wimper hält. Dampferpartien mit der weißen Flotte genügen ihnen nicht, auch

Kaffeefahrten und Busreisen in die Bundesrepublik Deutschland nicht. Sie hassen die Grenzkontrollen. Die eingesperrten Berliner wollen die große weite Welt sehen.

Wo waren wir nicht schon überall, in England, Irland, Finnland, Rußland, das heißt in Sankt Petersburg, als die Stadt nicht mehr Leningrad hieß, in Italien selbstredend, Florenz, Rom. Wir sind auf der Via Apia gewandelt und in Spanien den Pilgerweg nach Santiago de Compostela gewallfahrt, zwar nicht, wie es richtig gewesen wäre, zu Fuß, sondern in einem Kleinbus, aber am Ziel haben wir alle, ob katholisch oder nicht, die Füße des Heiligen Jakobus geküßt und *mon joi* geflüstert, *mon joi*.

Aber einmal, wie gesagt, vor der Wiedervereinigung, wollte Lydia uns nach Kreta entführen. Nach Kreta wollte ich auf keinen Fall. Meinetwegen überallhin, aber nicht nach Kreta. In Kreta hat sich eine Katastrophe ereignet, die mein Leben von Grund auf verändert hat. Kreta ist für mich eine Insel, die ich nur aus der Vogelperspektive sehen kann.

Lydia fragte mich, ob sie mit mir rechnen könne, auch wenn es nun doch nach Kreta gehe; Kreta sei einfach dran, sie könne sich vor Anmeldungen kaum retten. »Aber du«, hat Lydia gesagt, »stehst natürlich ganz oben auf meiner Liste; ohne dich kann ich mir eine Reise gar nicht mehr vorstellen.«

Lydia und ich duzen uns seit einigen Jahren, genau gesagt, seit sie auf einer Nilfahrt an Ruhr erkrankte und in Assuan in die Klinik mußte. Da habe ich die Reiseleitung übernommen, als sei das schon immer mein Job gewesen, und als Lydia, noch ziemlich mitgenommen, einige Tage später als wir nach Berlin zurückkam, habe ich sie in Tegel abgeholt und in ihre Wohnung gefahren und mich um sie gekümmert. Sie könnte meine Tochter sein.

Ich reise nicht nur, um die Welt zu sehen, ich reise auch, um mit Lydia zusammensein zu können. Aber Kreta – nein, es tue mir leid.

»Was hast du bloß gegen Kreta«, fragte sie hartnäkkig. »Warst du schon mal dort? Hast du da schlechte Erfahrungen gemacht?«

»Ich war noch nie auf Kreta, also kann ich da keine schlechten Erfahrungen gemacht haben. Bloß diesmal habe ich keine Lust. Ich bin zu alt für solche Abenteuer. Kreta soll ja nur aus Gebirgen bestehen, meine Knie machen die Kraxelei nicht mehr mit, auch die Höhe vertrage ich nicht, bei meinem hohen Blutdruck.«

»Ich glaube dir kein Wort«, sagte Lydia. »Du weißt, daß wir immer in guten Hotels wohnen. Alle Fahrten auf der Insel machen wir in einem bequemen Bus. Nur in die Weißen Berge reiten wir auf Eseln, das wird bestimmt lustig.«

»Wenn ich dir doch sage …«

»Ich glaube dir kein Wort.« Lydia ließ meine Ausreden nicht gelten und nahm mich einfach mit nach Kreta. Dort warf sie mir triumphierende Blicke zu, wenn sie uns wieder eine sensationelle Sehenswürdigkeit präsentierte, eine Moschee, den Palast von Knossos, Klöster, Ikonen, byzantinische Wandmalerei in Iraklion, das wie Berlin von einer kilometerlangen Mauer umschlossen ist, aus den Resten römischer Paläste erbaut.

Lydia ist ein Organisationsgenie. Uns begleitete immer derselbe Fremdenführer, ein Kreter namens Kostas, der gut Englisch und etwas Deutsch sprach. Kostas hielt uns aufdringliche Leute vom Leib, die uns ihre Dienste anboten, kannte die besten einfachen Restaurants.

Kreta ist kulturell sehr wohl sehenswert, eine Insel mit vielen Facetten. Ich hatte mich auf diese Reise nicht vorbereitet. Soviel archaische Bilder hatte ich nicht erwartet, nicht soviel Untergegangenes, Ausgegrabenes, das seinen Reiz bewahrt hat. Kreta ist eine Legende. Man fühlt sich zurückversetzt in alte Zeiten. Es war einmal. So müßte jeder Satz beginnen, den Kostas in seinem zögernden Deutsch sagte. Es war einmal ein namenloser Baumeister, der errichtete 1600 Jahre vor Christus den zerstörten Palast bei Palekastro wieder; eine Naturkatastrophe vernichtete sein Werk, aber die Ruinen haben Archäologen für die Touristen rekonstruiert. Bitte keinen Kiesel als Andenken mitnehmen, hier zählt jeder Stein.

Es war einmal ein Töpferdorf, da wurden die schönen, brusthohen Vorratsgefäße, Vasen und Schalen hergestellt. Kostas geleitete uns durch windschiefe Gassen und krumme steinerne Tore, zwischen deren Pfosten die Zeit stehengeblieben ist. Er trug die Tonwaren, die wir gekauft hatten, als laste die Vergangenheit auf seinen Schultern.

Am anschaulichsten hat uns Kostas Vater Alekos vor Augen geführt, was eine ungebrochene Tradition zu bewahren heißt. Alekos ist Zimmermann in einer Werft in Chania. Nach uraltem Vorbild baut er die Holzboote für die Fischer und holt das Krummholz für die Spanten und Planken wie eh und je aus den Wäldern. Einer seiner Söhne betreibt das alte Handwerk weiter.

Der – soll ich sagen: krönende? – Abschluß unserer Reise war dann der Aufstieg in die Weißen Berge. Kostas riet uns, sehr dunkle Sonnenbrillen zu kaufen und Hüte, die den Nacken schützen. »Ihr braucht aber nicht zu kraxen«, beruhigte er uns, er meinte kraxeln, »wir werden auf Eseln bis auf zweitausendfünfhundert Meter kommen.« Wir sind auf Eseln geritten, wie Lydia es mir angekündigt hatte.

Sie weckte mich in aller Herrgottsfrühe. »Auf geht's.« Es ging zuerst durch schattige Pinienhaine, dann über Geröllfelder, wo es keinen Schutz vor der Sonne gab.

Meine Schenkel umklammerten den warmen Leib des Tieres, die Waden lagen an meinem Rucksack und Daunenschlafsack; beides hatte Kostas an dem Sattel festgezurrt. Ich versuchte, mich gerade zu halten und mich den Bewegungen des Tiers zu überlassen, das keinen falschen Tritt tat. Es trug mich über knochenbleiche, schrundige Hänge. Wo sollen hier Schafe noch Futter finden? Wir ritten aber einen von Hufen ausgetretenen Saumpfad entlang, Kostas vorneweg, Lydia am Ende.

Nach geraumer Zeit rückten die weißen Berge zu beiden Seiten näher. Ein steiles, enges Tal führte ins Innere des Massivs. Wer hier Schatten erhofft hatte, wurde enttäuscht: Zwischen den gleißenden Wänden kochte die Luft. »Wir werden gleich da sein«, schrie Kostas. Wo sollte das sein? Dann öffnete sich unerwartet eine Hochebene. Zwei Rundhütten aus lose geschichteten Steinen standen in der Mitte.

Schafe und ein paar Ziegen weideten, rupften Kräuter aus den Bodenspalten, nach denen es duftete, Salbei, Berberitze und Thymian; vor allem der Thymiangeruch stieg einem wie Weihrauch in die Nase. Aus einer der Hütten trat uns ein Heiliger entgegen, ein Bischof, auf seinen Stab gestützt. Der Mann war klein und knorrig wie ein Olivenast. »Das ist mein Freund Antonios«, stellte Kostas ihn uns vor. »Er lebt hier.«

In einer der Hütten wurden wir mit Ziegenmilch,

köstlichem Käse und frischgebackenem Brot bewirtet; dann konnten wir unsere Schlafsäcke auf dem Boden ausrollen und uns zu einem Mittagsschlaf ausstrecken. Lydia stopfte mir noch ein Kissen in den Nacken. Ich schlief ein und sah mich im Traum, in einen Kokon aus weißer Seide gehüllt, mich auf einen Stock stützend, nach Santiago de Compostela wallfahren. Kostas rief: »Wir sind gleich da.« Lydia mußte mich wachrütteln.

Kostas und Antonios hatten inzwischen eine würzige Suppe gekocht. Gestärkt ritten wir weiter. Unsere Esel trugen uns durch ein weißes Tal bis auf eine weitere Hochebene, groß wie drei Fußballplätze. Aus der Vogelperspektive, dachte ich, muß dieses Plateau wie ein Landeplatz aussehen. Nur ein paar Ginsterbüsche wuchsen zwischen den flachen Steinen.

Hier war das, was Kostas als Überraschung angekündigt hatte: die berühmte Höhlenkapelle, in der es wunderbar kühl war. Es dauerte eine Weile, bis die Augen sich an das Dämmerlicht gewöhnt hatten. Die Kapelle war rundum ausgemalt mit weißen vornübergebeugten, eng aneinandergeschmiegten Engeln, deren Flügelspitzen sich im obersten Giebel berührten. Es dauerte diesmal lange, bis die ersten von uns ihre Kameras zückten.

Aus einer Warze an der Höhlenwand in Brusthöhe eines der Engel sickerte milchiges Wasser. Nur sehr langsam bildete sich ein Tropfen, der in eine flache Mulde fiel. In der Stille hörte man ihn fallen und hörte das Echo in der dünnen Luft, als seien es zwei Tropfen gewesen.

Kostas legte seine Lippen an die Warze und schlürfte ein paar Tropfen. Es sah aus, als werde er von einem Engel gestillt. Er erzählte uns, daß hier oben schon so mancher dank dieses Wassers überlebt habe, Wanderer, die sich verstiegen hatten und nicht zurückfanden – 1942 ein deutscher Fallschirmjäger – er zerlegte das Wort in seine vier Silben. »Der wollte nicht mehr springen, der hatte den Krieg … – wie sagt man auf Deutsch?«

»Der hatte den Krieg satt«, sagte Lydia. »Hat er hier oben überlebt?«

»Eine Zeitlang schon. Man hat ein deutsches Koppelschloß gefunden, einen zerbeulten, verrußten Stahlhelm der Fallschirmjäger und eine Feuerstelle. Vielleicht hatte er ein Feuerzeug, oder er hat Funken aus Steinen geschlagen. Den trockenen Ginster kann man als Brennholz verwenden.«

»Hat er die Weideplätze und die Schafe nicht gefunden?«

»Ja, aber da muß er schon sehr schwach gewesen sein.« Kostas war dort zu der Zeit schon Hütejunge. Er erzählt, daß da manchmal jemand kam, der sich verlaufen hatte. »Hier kann man leicht Berge« – Kostas suchte nach dem Wort »verwechseln« und sagte: »Hier kann man leicht Berge versetzen.«

Es wird Zeit für den nächsten Tropfen, damit ich weiteratmen und mir Stirn und Schläfen betupfen konnte und mit dem übernächsten die Pulse an den Handgelenken. Sollte diesem Wasser etwas beigemischt sein, das den Kreislauf aufrechterhält, eine Transfusionsflüssigkeit, die ohne Hohlnadel ins Blut gelangt?

»Wir sehen doch Antonios noch mal?« fragte ich Kostas.

»Es gibt gar keinen anderen Weg.«

Ich stand da, die Sandalen in der einen, den Hut und die dunkle Brille in der anderen Hand. Die Engel drehten sich langsam im Kreis. Ich brauchte ein paar Minuten, bis ich mich wieder bewegen konnte. Ich trat in die Hitze hinaus. Die Sonne stand schon tief, einer der Berge über uns, der höchste, warf lange Schatten.

Wie ich mich meinem Esel näherte, wieherte er und drehte den Kopf nach mir, als habe er mich erkannt. Lydia half mir in den Sattel. »Du hast ja gehört«, sagte sie, »wir reiten jetzt wieder zu den Schafen und zu Antonios.«

Mein Esel trug mich über Stock und Stein. Ich tätschelte ihm oft den Hals, dann spielten seine Ohren und er wieherte leise.

Lydia ritt hinter mir. Sie ließ mich nicht aus den

Augen. Weil wir noch vor einbrechender Dunkelheit in dem Hirtendorf Anopolis sein wollten, wo unser Bus auf uns wartete, blieb für den Aufenthalt auf der Alm wenig Zeit. Wir wurden wieder mit der scharfen Ziegenmilch bewirtet, mit Käse und Brot. Bevor ich Antonios beiseitenehmen konnte, um mich nach dem deutschen Fallschirmjäger zu erkundigen, hatte Lydia den Alten schon in die Hütte gebeten. Sie sprach gut Griechisch und stellte die Fragen, die ich ohne Dolmetscher nicht hätte stellen können. Ich konnte aber an den Gesten und am Mienenspiel der beiden ablesen, was sie sprachen. Lydia redete in taube Ohren.

»Kostas hat mir erzählt, daß du schon im Krieg hier gewesen bist?«

Antonios nickte.

»Da sollen manchmal Leute auf die Alm gekommen sein, die sich verirrt hatten.«

»Manchmal kam jemand.«

»War auch ein deutscher Soldat dabei, ein Fallschirmjäger? Du verstehst?« Lydia streckte beide Arme bis an die Decke und ließ sich langsam auf die Knie fallen.

»Kann sein.«

»Das muß 1942 gewesen sein.«

»Das ist lange her.«

»Ja, das ist lange her. Erinnerst du dich an einen Deutschen?«

»Ich sage ja, das ist lange her.«

Mehr war aus Antonios nicht herauszukriegen.

Ich stand mit eingezogenem Kopf am Eingang der niedrigen Hütte und hörte dem ergebnislosen Gespräch zu. Lydia schob mich ins Freie.

»Laß es gut sein.«

Vor dem Abflug auf dem Airport Iraklion kamen wir darauf zurück. Wir saßen auf einer Bank am Eingang der Wartehalle. Kostas hatte uns zu früh vom Hotel abgeholt, weil er die nächste Touristengruppe in Empfang nehmen mußte.

Ich fragte Lydia nicht, weshalb sie annahm, daß ich mit dem Fallschirmjäger zu tun haben könnte. Lydia kann hellsehen.

Sie fragte unumwunden: »Der Fallschirmjäger – du denkst, er könnte dein Mann gewesen sein, stimmt's?«

»Er könnte es gewesen sein.«

»Mein Gott.«

Ich erzählte von einer Zeit, die für mich nicht versunken, sondern unverändert lebendig geblieben war: Es war einmal … Es war einmal ein junges Paar, das mitten im Krieg heiratete, eine Liebesgeschichte mit verzweifelten Abschieden und verzweifelten Hoffnungen und mit vielen Briefen, wie die Frau sie nur einmal im Leben schrieb, mit blauen gefalteten Feldpostbriefen, die unter Umständen von der Zensur geöffnet werden konnten.

Wenn der Mann seiner Frau etwas mitteilen wollte,

was nicht für andere Ohren bestimmt war oder was verfänglich sein könnte, schrieb er von sich als von einer anderen Person. Diese Person hieß »ein Kamerad«. »Stell dir vor, ein Kamerad, ein verrückter Kerl, der oft über den Durst trinkt, hat sich neulich ausgemalt, daß man bei einem Aufklärungsflug irgendwo in diesen verfluchten Bergen abspringen könnte, und der Krieg wäre aus; die andern würden bei der Rückkehr melden, der bedauernswerte Kamerad sei durchgedreht, der sei tatsächlich verrückt geworden und habe alle, die ihn zurückhalten wollten, mit der Waffe bedroht und sei gesprungen.« Solche Briefstellen endeten immer mit beschwichtigenden Worten: »Der angetrunkene Kamerad soll froh sein, daß keiner außer mir ihn gehört hat.«

Sätze, die in den Briefen mit »Stell dir vor ...« begannen, enthielten verschlüsselte Botschaften, teilten der jungen Frau in Berlin zum Beispiel mit, wie ihr Mann die Lage an der italienischen Front einschätzte: »Stell dir vor, der verrückte Kamerad, von dem ich Dir neulich schon schrieb, hat geäußert, er halte das ganze Unternehmen Kreta für strategisch sinnlos. Natürlich war er betrunken.« In anderen Stell-Dir-vor-Sätzen war die Rede vom Frieden, vom Leben nach dem Krieg; die Zu-Hause-Gebliebenen dürften die Hoffnung nicht aufgeben, denn manch einer, der in Gefangenschaft geraten sei, könnte sich nicht melden und werde erst nach längerer Zeit entlassen. Dürfte, könnte – Möglichkeitsformen …

»Und du hast die Hoffnung nicht aufgegeben, daß er doch noch zurückkommen könnte? Mein Gott, das sieht dir ähnlich. Deine unendliche Geschichte. Ein bißchen zu märchenhaft, findest du nicht? Das Leben geht doch weiter.«

»Sicher.«

»Hat man Dich nicht benachrichtigt, ich meine im Krieg.«

»Man hat ein Drittel seiner Dienstbezüge einbehalten, bis, wie es wörtlich hieß, der Sachverhalt geklärt sein würde. Der Sachverhalt wurde nie geklärt, obgleich sogar das Reichsluftfahrtministerium sich eingeschaltet hat.«

»Hast du keine offizielle Vermißtenmeldung bekommen?«

»Es hieß, er sei von einem Aufklärungsflug nicht zurückgekehrt. Man werde Ermittlungen und Befragungen durchführen. Ich meinerseits habe mich gehütet, Nachforschungen anzustellen, weil ich unter Umständen andere mit hineingezogen hätte. Erst nach dem Krieg konnte ich schließlich mit einem der Kameraden, dessen Namen ich kannte, Verbindung aufnehmen. Der wußte nur, daß mein Mann sich für ein paar Tage krank gemeldet hatte. Aber die abenteuerliche Vorstellung, er könnte mit Einverständnis der Mannschaft, des

Piloten, des Bordfunkers und des Navigators und der acht Kameraden irgendwo in den Weißen Bergen abgesprungen sein, solle ich mir bitte aus dem Kopf schlagen.«

»Aber ein deutscher Fallschirmjäger ist doch …«

»Laß uns nicht mehr davon sprechen. Ich habe jahrelang gegrübelt und getüftelt und phantasiert. Erst 1951 habe ich die Todeserklärung unterschrieben. Ich wollte nicht wahrhaben, daß sich einer buchstäblich in Luft auflösen kann.«

»Später hast du dann noch einmal geheiratet?«

»Ja, es ist nicht gutgegangen. Noch lange war ein Gespenst neben mir, nicht tot und nicht lebendig. Ich konnte nichts dagegen tun.«

Lydia legte den Arm um mich: »Und ich habe dich nach Kreta gelotst.«

Aber nach Kreta wollte ich nicht. Über dieser Insel hängt für mich der Himmel voller Fallschirme und ein Sprecher redet vom Heldenmut der bestausgebildeten Jäger, von Sinkgeschwindigkeit und Reißschnur und Mindesthöhe beim Absprung.

»Vielleicht ist es gut«, meinte Lydia, »jetzt andere Bilder vor Augen zu haben, Paläste und Klöster und die schöne Kapelle mit den Engeln.«

… Und ja, diesen alten Herrn, der, auf einen Stock gestützt, durch die gläserne Drehtür trat. Obgleich er hinkte, schleppte er in der freien Hand den Koffer seiner Begleiterin, einer Dame, die aussah, als bewohne sie einen der Paläste. Das Paar eilte auf einen Schalter zu, an dem »Madrid – 11.40« angeschlagen war, offensichtlich als letzte Fluggäste, die gerade noch eingecheckt wurden. Aber nur die Dame wollte fortfliegen. Sie gab dem Herrn einen flüchtigen Kuß und verschwand in der Wartehalle.

Nun war ich es, die »Mein Gott« sagte und »Das gibt's doch nicht«. Nicht, daß mir das Herz stehenblieb, ich lehnte aber, bevor der Herr kehrtmachte, meinen Kopf an Lydias Schulter, und Lydia drückte mein Gesicht an ihre Brust, daß ich fast erstickt wäre auf dem Airport in Iraklion.

Fahnenflucht

Unser kleiner Produktionsbetrieb galt als kriegswichtig, weil hier nicht nur die regionale Tageszeitung, Plakate und Anzeigen gedruckt wurden, sondern auch Landkarten, Fahrpläne und vor allem Blindendrucke, die mit den Fingerspitzen abgelesen werden konnten. Weil die Nachfrage groß war, wurden auch Kranzschleifen beschriftet: »Unvergessen / Zur ewigen Erinnerung / der Toten Tatenruhm«

Meinen Vater, Besitzer der Druckerei, brauchte man an der Heimatfront. Frontdiensttauglich wäre er ohnehin nicht gewesen. Er kränkelte schon lange und erlag zu Beginn des zweiten Kriegsjahres seinem Nierenleiden. Vielleicht starb er aber auch an Einsamkeit, an Gram, an Zorn.

Im Nachhinein erst fängt mein stiller Vater an zu sprechen, sagt, was er nie über die Lippen gebracht hat: daß er mich liebe und Angst um mich habe, weil ich ihm ähnlich sei. Ich träume oft von ihm.

Im Betrieb mußte es ohne ihn weitergehen. Selbstbewußt trat meine Mutter an seine Stelle. Sie wußte, welche Bedeutung der Frauenarbeit für die Kriegswirtschaft zukam. Auf die beiden erfahrenen Setzer war Verlaß. Die Arbeit von drei Korrektoren machten jetzt zwei pensionierte Lehrerinnen. Der Graphiker, der sich eigentlich zur Ruhe setzen wollte, versprach zu bleiben bis …

Ich stand kurz vor dem Schulabschluß. Man machte uns Jungen das Notabitur schmackhaft, falls wir uns sogleich zum Reichsarbeitsdienst oder zur Wehrmacht meldeten. Mein Freund Robert und ich wollten aber das zwölfte Schuljahr absolvieren; als einzige aus unserer Klasse bedeutete uns die Uniform nichts.

Uns bedeutete Musik alles. Robert spielte Orgel, ich Cello. Und wir lasen – unzeitgemäß – Gedichte. In der Bibliothek meines Vaters standen neben Lexika, Büchern über Typographie und den deutschen Klassikern in schön gebundenen handlichen Ausgaben die Gedichte von Hölderlin, Morgenstern, Rilke, die von Eichendorff, Mörike und der Droste, von Fontane und Matthias Claudius und nebeneinander die von Wilhelm Busch zum Schmunzeln und die von Gottfried Benn für die Gänsehaut. Versteckt hinter dem dickleibigen Brockhaus Konversationslexikon und ganz zerlesen: Heinrich Heine. Heines Verse »Ich hatte einst ein schönes Vaterland« waren mit Bleistift wie ein Bild eingerahmt; die Zeilen »Das küßte mich auf deutsch und sprach auf deutsch« unterstrichen. Neben Gottfried Benns Gedicht »Erschütterer Anemone« stand ein Ausrufungszeichen.

Auch Robert und ich waren von ganz anderem erschüttert als von der hypnotischen Ergriffenheit für Führer und Vaterland. Wir waren nicht auf der Höhe der Zeit. In der Klasse galten wir als Außenseiter, zumal unser Deutschlehrer uns bevorzugte. Es gab ein verschwörerisches Einverständnis zwischen uns dreien. Wir durften diesen Lehrer nachmittags besuchen und uns Bücher ausleihen. Da wir beide Brillenträger waren, hießen wir die Brillenschlangen.

Wir mußten damit rechnen, nach dem Abitur zur Deutschen Wehrmacht eingezogen zu werden. Bei der Untersuchung im Kreiswehrdienstamt wurde Robert seines Sehfehlers wegen ausgemustert. Meine Weitsichtigkeit reichte nicht, um mich auch nur zurückzustellen. Da ich mich als körperlich und geistig gesund erwies, galt ich sogar als frontdiensttauglich. Gegen den Musterungsbescheid Widerspruch einzulegen, hätte eine Gefängnisstrafe von mindestens sechs Monaten zur Folge gehabt.

Für den Spätsommer und Herbst des Jahres 1943 war eine Kaserne der Schauplatz. Einkleidung. Uniform anpassen. Stahlhelm und Gasmaske aufprobieren. Die Knobelbecher waren eine Nummer zu groß. Man stopfte Papier oder Watte in die Spitzen. Leder war Mangelware. Alles war Mangelware: Tabak, Rasierklingen, Seife, Wollsocken. Die Verpflegung war noch schlechter. Jede Woche gab es pro Mann zwei Kommisbrote, dazu Margarine, Kunsthonig und Streichwurst, mittags Kohlsuppe oder Pellkartoffeln mit Stippe, manchmal Bohnen- oder Erbseneintopf. Es hieß, Offiziere bekämen auch nichts Besseres zu essen.

Ich bat meine Mutter, mir Milchpulver zu schicken, um den Kathreinerkaffee aufhellen zu können. »Vielleicht kannst Du Schnürsenkel auftreiben«, schrieb ich; Schnürsenkel waren neben Zigaretten die besten Tauschobjekte. »In der Mannschaftsstube sind wir zehn Rekruten, ein Volksschullehrer, ein Handelsvertreter, ein Mühlenbesitzer und zwei Waldarbeiter. Der älteste ist sechsundfünfzig Jahre alt, so alt, wie Vater jetzt wäre. Der jüngste ist erst fünfzehn. Die sogenannte Kameradschaft muß sich erst noch einstellen. Vorläufig ist jeder damit beschäftigt, sich zurechtzufinden.«

Meine Mutter hat meine Briefe aufgehoben, so daß ich sie heute, Jahrzehnte später, nachlesen kann: »Hier hängen die Wolken immer tief, aber es regnet selten. Die Kartoffelernte wird bei dieser Trockenheit katastrophal werden. Einer der Stubenkameraden, ein Bauernsohn aus Pommern, erzählte, daß auch die Zuckerrüben wenig Zucker haben, eine Mäuseplage mache die Sache noch schlimmer. Da wird man alle Rationen weiter kürzen. Ich hoffe, Du kannst genug Kartoffeln einkellern und auch wieder Sirup kochen. Vergiß nicht, den Luftschutzkeller besser abzustützen. Sicherer wäre es, wenn Du beim ersten Sirenenton in den Bunker rennen würdest. Hier im Osten ist es noch ruhig; bis jetzt war noch kein einziger Fliegeralarm. Nur die Verdunkelungsvorschriften gelten wie überall.«

Vom Drill auf dem Kasernenhof schrieb ich in den Briefen an meine Mutter nichts. Darüber habe ich Robert ausführlich berichtet und auch erwähnt, daß schon am dritten Tag mit der Ausbildung an der Waffe begonnen wurde; bisher hatte man damit erst nach sechs Wochen angefangen. Obwohl Robert in meine geheimen Pläne, niemals schießen zu wollen und mich um jeden Preis um den Frontdienst zu drücken, eingeweiht war, hielt ich es für klüger, kein Wort darüber zu schreiben. Auf das Briefgeheimnis konnte man sich nicht mehr verlassen.

Nur in Andeutungen oder Umschreibungen durfte ich dem Freund mitteilen, wie weit ich mit meinen Überlegungen inzwischen gekommen war: »Übrigens habe ich gehört, daß man bei der Karin eine Schizophrenie diagnostiziert hat und sie nun unter anderem mit Elektroschocks behandeln will. Das wird sie kaum durchstehen.« Das hieß mit anderen Worten, daß ich mich gegen eine Schizophrenie entschieden hatte.

Robert und ich hatten noch kurz bevor ich zur Deutschen Wehrmacht einrücken mußte, im Lexikon nachgeschlagen:

»Schizomida …

Schizomyzeten …

Schizophora …

Schizophrenie: Spaltungsirresein. Dementia Praecox hieß es in den früheren Jahrhunderten. In Schüben auftretende Wahnbildungen und Sinnestäuschungen. Unberechenbarer Krankheitsverlauf. Erbliche Anlagen spielen eine erhebliche Rolle, ebenso die Konstitution, Leptosome, schlankwüchsige Personen sind gefährdeter als Pygniker.«

»Leptosom bist du nun beim besten Willen nicht«, hatte Robert gemeint, »eher das Gegenteil. Es wäre zu riskant, wenn sie dich als Simulanten entlarven. Dann würden sie dich doppelt schleifen und vermutlich einsperren. Vielleicht läßt sich eine Epilepsie leichter inszenieren.«

»Epiktet …

Epikur …

Epilation …

Epilepsie: Fallsucht. Hirnorganische Ausfallserkrankung. Meist erblich bedingt, mitunter schon im Mutterleib erworben durch Infektionen während der mütterlichen Schwangerschaft. Seltener können in der Kindheit erlittene Unfallschäden zu den gefürchteten Krampfanfällen führen, zu Absencen, Bewußtseinstrübungen, Dämmerzuständen. In der Antike schrieb man der Krankheit göttlichen Ursprung zu. Man verabreicht heute Antiepileptica. Der heilige Valentin ist der Schutzpatron der Fallsüchtigen.«

Robert an meiner Stelle würde sich für Epilepsie entscheiden. Die Symptome seien eindeutiger, man könne sie einstudieren wie eine Rolle im Theater: zuerst ein paar Absencen, wegtreten, nicht mehr wissen wo man sei, und dann wie in Trance aus der Reihe tanzen, die Orientierung verlieren, in die falsche Richtung marschieren oder mal in der Stube aus dem Bett fallen, kurz: auffällig werden. Dann der erste Anfall: hinstürzen, krampfen, mit den Gliedern zucken, und das möglichst demonstrativ vor aller Augen auf dem Kasernenhof. Ein Sanitätsgefreiter würde hinzuspringen und einem ein Taschentuch zwischen die Zähne klemmen, damit man sich nicht auf die Zunge bisse.

Hier vor Ort blieb diese Absicht reine Theorie, solange ich nicht die Reaktionen der Kameraden und Vorgesetzten einschätzen konnte. Auffällig werden sagte sich leicht. Im Moment war meine Devise unauffällig sein, bloß nicht die Blicke des Feldwebels auf sich lenken, der schon ausrastete, wenn ein Knopf an der Uniformjacke fehlte. Falls mein Plan schief ginge, würde man mich vermutlich zu einer Strafkompanie beordern.

Meine Mutter schrieb mir wöchentlich mindestens einmal, und ich antwortete ihr. Mein Vater hatte mir ans Herz gelegt, mich um sie zu kümmern. Laß sie nicht im Stich, hörst du? Mutter braucht dich jetzt. Wiederholt erkundigte sie sich, ob ich mich in das Soldatenleben eingewöhnt hätte.

Um Gotteswillen, hätte ich am liebsten zurückgeschrieben, sich bloß nicht hier eingewöhnen, es bloß nicht normal finden, daß der Feldwebel jeden Morgen die Stubentür aufriß: »Kompanie aufstehn!« Das weckte mich auf deutsch und schrie auf deutsch. Ich wollte es nicht alltäglich finden, beim Appell die Fingernägel vorzeigen zu müssen und die Knöpfe an der Uniformjacke zählen zu lassen. »Sie bebrilltes Ungeheuer, da fehlt der unterste Knopf.« Dagegen war Brillenschlange ein Kosewort gewesen. Nachts um eins riß uns der Arzt aus dem Tiefschlaf: »Schwanzparade! Nille ausdrücken!« Die Dressur auf dem Exerzierplatz nahm ich hin, aber die mitternächtliche Prozedur war erniedrigend. *Also alles was recht ist, das geht zu weit.* Wo hatte ich diese Verse gelesen?

Meine Mutter sollte sich keine Sorgen machen. Also erzählte ich ihr von dem Sonnenblumenfeld hinter dem Kasernenhof, dem Wachestehen unterm Sternenzelt, dem Hohenfriedberger Marsch, den die Militärkapelle schmetterte: »Die Sonne funkelt auf Trompeten und Posaunen und Schlagzeug. Anstatt Cello hätte ich besser Trompete oder Posaune lernen sollen, dann könnte ich mitblasen.«

Solche Sätze las meine Mutter gern. Daß ich den Krieg längst für verloren hielt und nicht noch kurz vor Ende verheizt werden wollte, konnte ich ihr nicht schreiben. Sie glaubte, was sie in der Tagespresse zu drucken hatte: »Wir stehen auf der siegreichen Seite der Geschichte.« Wenn auch die Front im Osten schon dutzendfach durchlöchert und die Rote Armee zur großen Offensive angetreten war, wenn wir auch zwei Weltmächten gegenüberstanden, wenn auch die deutschen Städte zerbombt wurden, nachts von den Amerikanern und am hellichten Tag von den Moskitos der Engländer – im Juli war Mutters Heimatstadt Hamburg zerstört worden –, in ihren Augen mußten wir auf der siegreichen Seite der Geschichte stehen. Meine Mutter wollte es glauben. Die Anzeigenseite war schwarz von Todesnachrichten, nicht selten überschrieben mit einem abgewandelten Hölderlinvers, der besagte, daß dem Vaterland, dem lieben, keiner zuviel gefallen sei. Robert schickte mir solche Zeitungsnachrichten. Von unserer Klasse waren nur vier noch nicht auf dem Felde der Ehre geblieben. Meistens hieß es: »Für Führer und Vaterland gefallen«. Der hypnotischen Wirkung von Hitlers und Goebbels Reden konnte meine Mutter sich nicht entziehen.

Der Kriegsalltag wurde von ihr klaglos hingenommen, die Verdunkelung, der Fliegeralarm, das Schlangestehen nach Fleisch auf Fleischmarken, Briketts auf Brikettmarken, Textilien auf Bezugsschein.

In den Augen meiner Mutter wäre ich ein Drückeberger, ja ein Vaterlandsverräter, wenn sie von meinen Absichten wüßte. Mein Gott, du wirst deinem Vater immer ähnlicher, hätte sie gesagt. Mit meinem Vater hätte ich sprechen können. Aber als er noch lebte, dachte ich noch nicht daran, den Kriegsdienst zu verweigern. Robert und ich machten damals Krankenpflegekurse beim Roten Kreuz, um uns im Ernstfall als Sanitäter melden zu können.

So sehr meine Mutter an ihrem einzigen Sohn hing – stolz war sie, daß ich die Uniform trug, das Ehrenkleid. Sie scheute die weite Reise nicht, um mich an einem Wochenende, als wir Ausgang hatten, für ein paar Stunden zu besuchen. Weil die nächste Bahnstation sieben Kilometer entfernt war, holte ich sie an der Postautohaltestelle im Dorf ab und führte sie in das einzige Gasthaus: Zum goldenen Stern. Ich nahm ihr den schweren Rucksack ab, in dem sie die Mitbringsel für mich hatte. Zum ersten Mal sah ich die grauen Strähnen in ihrem Haar. Ihre Stimme, die mir versicherte, daß zu Hause alles seinen gewohnten Gang gehe, war heiser, ja brüchig geworden. Sie betonte aber, wie munter sie sei, und bestellte Grüße von allen Mitarbeitern. Am liebsten hätte sie die Gläser und Büchsen mit der selbstgekochten Marmelade und dem selbsteingemachten Pökelfleisch vor mir auf der Tischplatte aufgebaut; ich bat sie aber, damit zu warten, bis wir allein sein würden.

Meine Mutter hatte ihre Fleischmarken aufgespart, so daß wir Schweinefleisch mit Sauerkohl und Kartoffeln bestellen konnten. Außer uns saßen in der Gaststube nur noch zwei Feldwebel, die ihre Frauen zu Besuch hatten. Während wir aßen, kam ein Offizier herein. Ohne jemandem zuzunicken, ließ er sich auf einem Fensterplatz nieder, ein untersetzter Mann, ein Dickschädel mit mürrischem Gesicht und mürrisch dreinblickenden Augen.

»Der macht ja eine Leichenbittermiene wie drei Tage Regenwetter«, flüsterte meine Mutter mir zu. »Kennst du den?«

Kannte ich den? Er hatte die beiden Äsculapstäbe auf den Schulterklappen, war also Militärarzt. Es war …

»Gottfried Benn«, flüsterte ich zurück, »das ist Gottfried Benn.«

»Der Dichter? Vater hat doch …«

»Bitte iß weiter, er will nicht angestarrt werden.«

Mir blieb der Bissen im Halse stecken, noch ein allerflüchtigstes Hinschaun an den Nebentisch: kein Zweifel, das war Benn. Ich kannte Fotos von ihm, auf denen er an seinem Schreibtisch, jünger, aber genauso übellaunig, vor einer Bücherwand oder in seiner Berliner Praxis im weißen Kittel zu sehen war.

Er bestellte markenfreie Blutwurst mit Sauerkohl und Kartoffeln. Begreife es, wer kann: Benn hatte an einem Tisch mir gegenüber Platz genommen und aß Blutwurst mit Sauerkohl und Kartoffeln. Jetzt müßte Robert hier sein. *Einsamer nie als im August. Erfüllungsstunde,* murmelte ich.

»Was hast du gesagt?«

»Ach nichts.«

Es war aber nicht August, sondern schon Oktober. Ein Sonnenstrahl fiel durch die Scheiben. *Die roten und die goldnen Brände des wilden Weins* flackerten vor den Fenstern.

»Laß dein Essen nicht kalt werden«, ermahnte mich meine Mutter. Das hatte sie früher fast bei jeder Mahlzeit gesagt.

Benn schlang sein Essen hinunter, zahlte und verließ die Gaststube genauso grußlos, wie er sie betreten hatte.

Ich mußte wissen, wohin er ging. Eine Entschuldigung murmelnd, ließ ich meine Mutter sitzen. Es war leicht, Benn auf der Dorfstraße im Auge zu behalten. Er ging Richtung Kaserne, nahm die Abkürzung durch den Hohlweg, der zur Kaserne und nirgendwohin sonst führte.

Meine Mutter hatte meinen Teller warmstellen lassen. Sie murmelte, als ich zurückkam, so etwas wie »ihr mit eurem Benn« oder »das war also euer Benn«. Ob sie mit »euer« Vater und mich oder Robert und mich meinte, blieb offen. Als ich sie abends wieder zur Haltestelle brachte, steckte sie mir Rasierklingen und Schnürsenkel zu.

In der Nacht nach diesem denkwürdigen Tag wurde ein Gepäckmarsch befohlen. Also Mantel und Zelttuch zusammengerollt auf den Tornister schnallen, Kochgeschirr und Gewehr umhängen, mit einem halben Zentner Gewicht auf dem Buckel dreißig Kilometer marschieren: »Es ist so schön Soldat zu sein, Rosemarie.« Ich hatte mir vorgenommen, irgendwann als Epileptiker vor aller Augen hinzustürzen, jetzt stolperte ich unbeabsichtigt über eine Wurzel, schlug der Länge nach hin und erntete die Flüche des Unteroffiziers und das Gelächter der Kameraden.

Der Kaserne war kein Lazarett angeschlossen. Wo arbeitete Benn? Auch wenn ich bei den nächtlichen Schwanzparaden schlaftrunken hochfuhr – der Arzt, der uns kontrollierte, war ein junger, schneidiger Mann. Gab es hier eine Ambulanz, in der Benn sanierungsbedürftige Soldaten und Offiziere mit seiner berühmten Zinksalbe kurierte? Hatte er Gutachten über Tauglichkeit oder Untauglichkeit der Rekruten zum Frontdienst zu erstellen? Oder war er als Ordonanz hergeschickt worden und längst wieder gottweißwo? War er am Ende nur eine Inkarnation meiner Schwärmerei gewesen und mir in meiner Phantasie im Gasthof Zum Goldnen Stern erschienen?

Er ließ sich aber ein zweites und bald darauf ein drittes und viertes Mal sehen, wie er in der Mittagspause den Kasernenhof umrundete, nach vorn gebeugt, die Arme unvorschriftsmäßig auf dem Rücken gekreuzt. Von den Fenstern der Mannschaftskabine aus konnte ich ihn beobachten. *Ein Schatten an der Mauer, von Ästen bewegt im Mittagswind.*

Erst Tage nach dem Besuch meiner Mutter fand sich Zeit, Robert von dem unvermuteten Auftauchen unseres Dichters in der Gaststube zu berichten. Selbstredend war mein Brief mit Benn-Zitaten gespickt, die ich nicht in Anführungsstriche zu setzen brauchte, weil Robert sie erkennen würde. Wir waren beide besessen von dieser Sprachlist und Sprachlust, von der Mischung aus Romantik und Obszönität der Bennschen Verse. Viele seiner Gedichte hatten wir uns abgeschrieben und auswendig gelernt.

Mein Freund war zum Ersatzdienst eingesetzt worden. Nach Fliegerangriffen auf Berlin half er, Verschüttete und Tote aus den Luftschutzkellern und Bunkern zu bergen. *Ach lieber Herr Leichendiener,* schrieb er mir, das sei jedes Mal, als sei Benns Seziersaal auf die Straße verlegt: *Leichen. Eine legt die Hand ans Ohr: Wat bibberste?*

Robert beneidete mich, daß ich den, der solche morbiden Verse schrieb, zu Gesicht bekommen hatte; allein deshalb lohne sich die ganze Rekrutenzeit. Übrigens habe Benn in seiner Eigenschaft als Arzt auch über Epilepsie gearbeitet, der heilige Valentin sei allerdings von ihm nicht bemüht worden, der Pastorensohn aus Mansfeld habe ja immer wieder beteuert, an nichts zu glauben. Robert nahm ihm das nicht ab und entdeckte manche Äußerungen Benns, die seinen Zynismus widerlegen: *das große Murmeln, das sich in Psalmen hält,* den *Nichtgenannten, der Felsen verschiebt* und vor allem *das tiefe Vollbracht.* Am liebsten zitierte er in diesem Zusammenhang: *den Schwamm mit Essig am Rohr so tritt aus den Steinen, dem Grabe Auferstehung hervor.*

Diese Verse murmelte ich, als ich wieder einmal nach dem Essen für einen Augenblick am Fenster stand, um nach Benn Ausschau zu halten. Einer Eingebung folgend, sprach ich weiter, was ich auswendig konnte, nicht mehr leise, vielmehr laut, daß alle es hören mußten, rezitierte drauflos, was mir gerade in den Sinn kam und mir verrückt genug erschien, rief noch pathetischer, als es ohnehin war: *Ach daß wir unsre Ururahnen wären, ein Klümpchen Schleim in einem warmen Teich und Europa dieser Nasenpopel aus einer Konfirmandennase.* Dabei bohrte ich in der Nase und lachte ein irres Lachen.

Ich rastete aus. Ich wurde auffällig, wenn auch ganz anders als ich es mir vorgenommen hatte. Mein erster Auftritt glückte noch nicht sonderlich. Der Unteroffizier vom Dienst, dem ich ohnehin ein Dorn im Auge war, trat mir in die Kniekehlen, daß ich einknickte: »Schnauze.« Die Kameraden tippten sich an die Stirn: Der ist verrückt.

Ich wollte weiter verrückt spielen, wollte mit theatralisch vorgetragenen Benn-Zitaten wie ein Clown mit Bällen jonglieren. Daß hier jemand die Gedichte gelesen haben könnte, war unwahrscheinlich.

»Schnauze«, brüllte der Unteroffizier auch bei meiner zweiten Demonstration im Duschraum, und nochmal »Schnauze«. Was anderes fiel ihm nicht ein. Wir standen im wöchentlichen Brausebad. Als der Befehl »Wasser aus« kam, verlor ich die Orientierung und taumelte gröhlend zwischen den nackten Männern umher: *Wir wollen nach Alaska gehn. Bären totschlagen. Robben fressen.* Von den gekachelten Wänden hallte meine Stimme zurück. Als ich dann auch noch mit der Stirn an die Wand schlug, brüllte der Unteroffizier nicht mehr »Schnauze«. sondern »Scheiße«.

Wenn ich mich recht erinnere, habe ich nur drei Vorstellungen geben müssen, um einem Arzt vorgeführt zu werden, leider nicht Doktor Benn, sondern dem jungen Heißsporn, den ich schon kannte. Der fragte mich aus: ob ich als Kind einen Unfall erlitten hätte – ja, einen Badeunfall bei einem Kopfsprung vom Dreimeterbrett –, ob es in meiner Familie derartige Ausfallserscheinungen gegeben hätte – ja leider, bei einem Großvater väterlicherseits –, ob meine Mutter sich, als sie mit mir schwanger war, eine Infektion zugezogen hätte? – davon sei mir nichts bekannt.

Der Arzt schrieb meine Antworten auf. Während er noch einen Fragebogen ausfüllte, hielt ich es für angebracht, einen nervösen Eindruck zu machen, bewegte die Hände ziellos, schlug die Knie gegeneinander. Endlich sagte der Weißbekittelte, was ich hören wollte: daß er mich zu einem Neurologen überweisen werde.

»In eine Klapsmühle?«

Ich tat so entsetzt, daß der Arzt mich beruhigte: Ich hätte da völlig falsche Vorstellungen, man werde mich in einer neurologischen Klinik beobachten, um meine Symptome einordnen zu können. Nur so könne die richtige Therapie gefunden werden. Unter Umständen liefe es auch auf eine Entlassung aus der Wehrmacht hinaus …

Es lief darauf hinaus. Ach lieber heiliger Valentin, ich brauchte dich gar nicht anzurufen: Bitt für mich. Es erübrigte sich, eine Epilepsie zu simulieren, es genügte, die deftigsten, kaltschnäuzigsten Gottfried-Benn-Verse zum besten zu geben, um als geistesgestört eingestuft zu werden. Keine Krampfanfälle, kein Schaum vorm Mund, kein Hinstürzen war vonnöten gewesen.

Weihnachten war ich wieder zu Hause. Meiner Mutter schenkte ich reinen Wein ein, erzählte ihr ausführlich, wie ich meine Entlassung bewerkstelligt hatte, und sie war glücklich, mich wieder in die Arme schließen zu können. Worte wie Drückeberger oder Vaterlandsverräter kamen nicht über ihre Lippen. Nur von Fahnenflucht sprach sie einmal. Eigentlich war es doch Fahnenflucht. Worten wie Durchbrechen, Aufrollen,

Säubern, bewegliche Kampfführung traute auch sie nicht mehr.

Was für Gewalt haben diese Worte, wird Benn nach dem Krieg in seiner Autobiographie »Doppelleben« schreiben, *positiv, um zu bluffen, und negativ, um sich Tatbestände zu verschleiern.* Benn wird sich auch daran erinnern, daß es im Dezember hundert Gramm Streichwurst als Sonderzuteilung gab und zusätzlich zur Wochenration Fleisch fünfzig Gramm Bratpulver, daß bei der Deutschen Wehrmacht das Singen von Weihnachtsliedern verboten, »Sonnengesänge« dagegen erwünscht waren. *Und dann,* wird er schreiben, *sank sie hernieder, des Jahres 1943 Heilige Nacht.*

Stille Post

Die Hochzeit der Elisabeth Kretschmar war die erste, die das Dorf nach dem Krieg wieder feiern konnte, eine Hochzeit wie sichs gehörte, mit Polterabend und Streuselkuchen, den die Braut auf den scherbenbesäten Stufen vor der umkränzten Haustür verteilte, mit Glokkengeläut und Brautzug und Blumenmädchen und mit den Bengels, die die Kirchstraße absperrten – erst als der Bräutigam Münzen in die johlende Menge geworfen hatte, wurde die Schnur durchschnitten und der Weg freigegeben.

Die Brautmutter richtete der einzigen Tochter ein Fest aus, wie es zünftiger nicht in besseren Zeiten hätte sein können. Woher stammten in aller Welt das bodenlange Brautkleid und der noch längere Schleier, der von einem geschlossenen Myrtenkranz gehalten wurde? Auf Kleiderkarten gab es soviel Meter Stoff nicht zu kaufen, schwere Atlasseide schon gar nicht. Die Leute mutmaßten, das Kleid könnte ein Geschenk der Gutsherrin gewesen sein, bei der Elsbeths Mutter als Köchin gearbeitet hatte. Vielleicht wurde es ihr, bevor die Gutsfamilie geflüchtet war, für treue Dienste überlassen?

Das könnte die Kretschmarn doch zugeben. Wenn sie aber ein solches Geheimnis um die Herkunft des Brautstaates machte, war sie selbst schuld, daß die Klatschbasen die Mäuler aufrissen und hinter der hohlen Hand tuschelten. Man durfte das ja nicht laut sagen, aber von Angehörigen der Sowjetischen Besatzungsmacht war alles zu erwerben, was das Herz begehrte, freilich nicht umsonst, beileibe nicht umsonst. Die Kretschmarn hatte ja auch ein paar Wochen lang in der Sowjetischen Kommandantur für das leibliche Wohl der Offiziere sorgen müssen, und Elsbeth ist ihr in der Küche zur Hand gegangen. Lag da nicht die Vermutung nahe, das Atlaskleid, der Schleier und sogar die hochhackigen weißen Schuhe könnten der Lohn für gewisse Dienste ... Wer weiß, aus wessen Schränken das Zeug von den Rotarmisten geklaut worden war? Mit rechten Dingen kann es nicht zugegangen sein. Woher bitte sehr kamen der Krimsekt und der Rehrücken und die Zutaten für Torten und Kuchen, die bei der Hochzeitstafel in Kröningssaal so üppig aufgetischt wurden?

Frau Kröning erzählte, sie habe ihren Augen nicht getraut: Als sie gerade dabei war, die Hochzeitstafel im Saal zu decken, sei Elsbeth mit schwerem Silberbesteck angekommen, echtem Silber, das habe sie eigenhändig aufgelegt und gesagt, mein Zeug könne ich wieder in die Küche tragen. Also wundern müsse man sich schon über den plötzlichen Luxus im Hause Kretschmar. Der Bräutigam, dieser Herr Richter, sei ja schließlich mit leeren Händen hier aufgetaucht; in Fußlappen sei er aus sowjetischer Gefangenschaft zurückgekommen, ein Habenichts, abgemagert, aber immer noch ein stattliches Mannsbild, das hier seinesgleichen suche.

Weil er auf seinen wunden Füßen nicht mehr weiterkonnte, wurde er vom Bürgermeister bei den Kretschmars einquartiert, obgleich die schon zwei Flüchtlingsfrauen mit ihren Kindern hatten aufnehmen müssen. Es hieß, noch enger zusammenrücken. Mutter und Tochter schlugen ihre Betten in der guten Stube auf und überließen das Schlafzimmer dem Heimkehrer. Sie bemutterten ihn, als sei er der in Stalingrad vermißte Ehemann und Vater. Sie päppelten ihn auf. Eine Ziege wurde angeschafft, denn Ziegenmilch war besonders fett und enthält keine Tuberkeln, so daß man sie roh trinken konnte.

Die beiden Frauen zogen in aller Herrgottsfrühe los, um Beeren, Pilze, Kräuter zu sammeln, Brennholz und Futter für die Kaninchen. Sie haben sich den künftigen Schwiegersohn und Ehemann richtig gemästet, tratschten die Leute und steckten die Köpfe zusammen. Während ringsum junge Frauen und ihre Kinder zu Hinterbliebenen geworden waren, fügte sich im Hause Kretschmar alles aufs schönste.

Herrn Richters Füße und seine Hungerödeme heilten

dank der aufopfernden Pflege. Bald sah man ihn im Hof die Ziege melken und neue Ställe für die Kaninchen bauen, die sich so vermehrten, daß sie sich fast erdrückten. Auf der Wäscheleine flatterten die langen aus mürbe gewordenen Kopfkissenbezügen geschnittenen Binden, mit denen Füße und Waden des Patienten umwickelt wurden. Die Hofnachbarn rechts und links konnten zusehen, wie er von Woche zu Woche besser lief, mal auf Elsbeth, mal auf ihre Mutter gestützt.

Im Oktober wurde geheiratet. »Petersilie Suppenkraut wächst in unserm Garten«, sangen die Kinder, »Elsbeth ist die schöne Braut, soll nicht länger warten.« Der Standesbeamte sagte bei der Ziviltrauung, das Glück strahle der Braut aus den Augen, daß man das ganze Kriegselend vergessen könne, und der Pastor in der Kirche nannte den Bräutigam einen von Gott geführten, der nach Jahren schwerer Gefangenschaft an sein eigentliches Ziel gefunden habe. Die Brautmutter weinte. Als die Braut sich nach dem Segen von den Knien erheben wollte, trat sie auf den Schleier, daß der Myrtenkranz verrutschte.

Die neueröffnete Zentralschule in der nahen Kreisstadt bot Herrn Richter eine Stelle als Lehrer an. Er hatte in dreijähriger sowjetischer Gefangenschaft Russisch gelernt und sollte Russisch als erste Fremdsprache unterrichten. Er erklärte aber, seine Sprachkenntnisse reichten bei weitem nicht aus; er sei Grundschullehrer.

Wenn man ihn als solchen gebrauchen könne, sei er gern bereit, ins Lehramt zu treten.

Man brauchte ihn. Täglich fuhr er morgens mit dem Bus zur Schule und kam mittags zurück, von seiner strahlenden Frau schon an der Haustür empfangen. Übers Jahr wurde das Karl-Heinzchen geboren. Nun stand Elsbeth mit dem Kind auf dem Arm hinter der Haustür, die in Augenhöhe ein ovales Fenster hatte, das sich von innen öffnen ließ. Kam der geliebte Mann in Sicht, riß Elsbeth das Fensterchen auf, der kleine Sohn krähte und schäkerte mit dem Vater, die Tür ging weit auf und Herr Richter nahm seine Frau in den Arm. Es gab jeden Tag ein Wiedersehen, als seien die beiden wer weiß wie lange voneinander getrennt gewesen.

Der Frau von gegenüber drehte sich bei diesem Anblick jedes Mal das Herz um. Ihr Mann hatte sich zuletzt aus der Nähe von Workuta gemeldet. Vielleicht hatte Herr Richter ihn ja in einem Gefangenenlager gesehen. Das wäre immerhin möglich. Sie nahm ein Foto ihres Mannes und paßte Herrn Richter auf seinem Heimweg ab. Der war zwar freundlich zu jedermann; er füllte auch bereitwillig allen, die nach ihren verschollenen Angehörigen im Osten Nachforschungen anstellten, die Suchformulare aus, aber mehr als »guten Tag und guten Weg« und »Geben Sie die Hoffnung nicht auf« konnte er nicht sagen. Er muß ganz schön was mitgemacht haben, meinten die Leute; das will er vergessen.

Er betrachtete sich das Foto des Vermißten lange und schüttelte dann den Kopf. Rußland sei groß, es gebe viele Lager, er selbst sei in vier verschiedenen gewesen, eins schlimmer als das andere. An diese Zeit wolle er nicht mehr erinnert werden. Den Soldaten auf dem Foto kenne er nicht. Es tue ihm leid. Elsbeth öffnete die Tür und zog ihren Mann ins Haus.

Die Haustür wurde seinerzeit nicht aufgebrochen oder eingetreten. Seinerzeit, als kein Krieg mehr war, aber noch kein Frieden, als kein Mensch erfuhr, ob schon eine bedingungslose Kapitulation stattgefunden hatte oder nicht, als keiner wußte, auf was man nun eigentlich gefaßt sein mußte – gemeint sind die Tage, an denen die Zeit stillstand, für die erst die Geschichtsschreibung die richtigen Worte finden sollte.

Anstelle der Hakenkreuzfahnen wehten weiße Bettlaken an den Fahnenstangen. Die Waffen zu Lande, zu Wasser und in der Luft schwiegen; es fielen keine Bomben mehr, wohl aber Schüsse aus dem Hinterhalt, weil die Sieger auf der Suche nach Heckenschützen und versteckten Waffen und versteckter Munition durch Straßen und Häuser und Höfe zogen, nebenbei plünderten, raubten und vergewaltigten, sich rächten. Manche der Rotarmisten trugen Armbanduhren bis an die Ellenbogen und Frauen nahmen sie sich, soviel sie wollten.

Erst als ein sowjetischer Kommandant und der neue Bürgermeister dafür sorgten, daß keine willkürlichen

Erschießungen, Verschleppungen und tunlichst auch keine Vergewaltigungen mehr vorkamen, schöpften die Leute Hoffnung, daß das Leben doch irgendwie weitergehen würde. Man verteilte Lebensmittelkarten. Radios, Plattenspieler und Fotoapparate wurden beschlagnahmt. Nur tagsüber betraten die Soldaten noch die Häuser – wehe, wer die Türen nicht sofort öffnete. Manche Leute stellten ihre Elektrogeräte schon freiwillig vor die Haustür. Eine Wagenladung Volksempfänger hat wochenlang auf dem Marktplatz gestanden. Noch vor gar nicht langer Zeit hatte der Radiosprecher auf alle Fragen eine Antwort gewußt und beschwichtigende Worte wie Frontbegradigung und Rückzugsgefechte für die totale Niederlage gefunden. In den allerletzten Meldungen war von »ehrenvoll unterlegen« die Rede gewesen. Beherzte Dorfbewohner holten sich ihre Volksempfänger vom Marktplatz klammheimlich zurück und versteckten sie gut.

Was die Kretschmars waren, die hatten das nicht nötig, denen brachten zwei Soldaten das Radio und den Staubsauger wieder ins Haus, dazu einen Waschkorb voll Büchsen und Gläser mit Eingemachtem. Die Flüchtlingsfrauen im Haus wollten das beobachtet haben: Jawohl, bei den Kretschmars werde nicht raus, aber eine Menge reingetragen. Der Frau aus Schlesien, die mit ihren drei halbwüchsigen Jungs in der Mansarde hauste, entging so leicht nichts. Sie hatte nicht nur

Augen im Kopf, sondern auch eine feine Nase. Sie konnte riechen, was nächtlicherweise unten in der Küche gebrutzelt wurde. Die Düfte nach ausgelassenem Schweineschmalz und geröstetem Bohnenkaffee stiegen die Treppe hoch, mit ihnen die Gerüchte aus dem Keller, wo in einem Trockenraum eine junge Ostpreußin mit ihrem Baby untergekrochen war. Der war nicht entgangen, wie Frau Kretschmar die Lattentür zu einem Vorratsraum mit einem Vorhängeschloß gesichert hatte. Dahinter würden sich Konserven und Säcke stapeln. Man konnte sich an fünf Fingern abzählen, woher solche Mangelware nur kommen konnte.

Im Handumdrehen wurden aus Mutter und Tochter Kretschmar zwei Russenliebchen. Aus freien Stücken hatten die sich mit den Besatzern eingelassen, sogar mit dem größten Vergnügen. Alle anderen Frauen, ob jung, ob alt, hatten nichts mehr gefürchtet, als daß ihnen die Kleider vom Leib und die Schenkel auseinander gerissen werden könnten – und wehe, eine schrie oder wehrte sich. Aber gewissen Damen schien das nichts ausgemacht zu haben, im Gegenteil, die hatten darauf gewartet, daß endlich ein Mannsbild …

Mutter Kretschmar, daran bestand kein Zweifel, hatte zu denen gehört. Und die war auch bei den Siegesfeiern mit von der Partie gewesen. Die drei Söhne der Schlesierin aus der Mansarde waren zusammen mit anderen Jungs Ende Mai, als sich das Leben im Dorf schon etwas beruhigt hatte, abends in die hohen Tannen hinter dem Gutshaus geklettert. Von da aus hatten sie durch die unverhängten, offenen Saalfenster sehen können, wie es bei den Siegesfeiern zugegangen war.

Abend für Abend hatten die Rotarmisten deutsche Frauen und Mädchen zum Tanz eingeladen. Niemand war gezwungen worden, dorthin zu gehen. Den Gästen war Borschtsch serviert worden und andere Speisen, deren Namen sie nicht aussprechen konnten. Wein und Sekt und Papyrossizigaretten hatte jeder haben können soviel er wollte.

Weiber waren dabei gewesen, die hatten sich zu später Stunde nackt ausgezogen, hatten sich Kletten in Scham- und Achselhaare hängen lassen und Masurka, Galopp und Polka getanzt, begleitet vom Händeklatschen der Zuschauer. Die Männer waren in die Knie gegangen, hatten die Arme vor der Brust verschränkt und Schreie ausgestoßen. Die Frauen, so hatten die Jungs erzählt, die hatten wie Schweine gequiekt. Die Kronleuchter im Saal waren an- und ausgegangen, immer an und aus. Wenn es dunkel gewesen war, hatten die Tänzer am lautesten gegrölt.

Frau Kretschmar sei dabei gewesen. Das konnten die Spanner noch heute beschwören. Die habe sich auch schamlos ausgezogen. Ob auch die junge Kretschmar, die Frau Richter, mitgefeiert habe, also das habe man durch die Tannenzweige und bei dem Gedränge da drinnen nicht genau erkennen können. Die einen meinten, sie gesehen zu haben, die anderen bezweifelten das.

Böse Zungen sorgten dafür, daß Herrn Richter zu Ohren kam, wie seine Schwiegermutter und seine Frau es nach dem Krieg getrieben haben sollen, jawohl, auch seine Frau, dafür gebe es Augenzeugen. Das ganze Dorf habe es gewußt, nur der Herr Lehrer sei den beiden Frauen auf den Leim gegangen. Er sei ja heilfroh gewesen, wieder ein Zuhause zu haben. Kein Wunder, daß ihm die Flüchtlingsfrau aus der Mansarde nicht schon früher den Star gestochen und erzählt hat, was ihre Jungs im Saal des Gutshauses beobachtet hatten.

Der Herr Lehrer ist eines Tages – Karl-Heinzchen machte gerade seine ersten Schritte – nicht aus der Schule heimgekommen. Frau und Kind warteten vergeblich. Nachbarn konnten sehen, wie Elsbeth, den Jungen auf dem Arm, zur Haltestelle lief und den Fahrplan studierte, als wisse sie nicht genau, daß der nächste und letzte Bus erst am Abend kam. Abends stiegen nur Hausfrauen mit Einkaufstaschen und die Werktätigen des Volkseigenen Betriebes Ernst Thälmann an der Haltestelle aus.

Elsbeth hat noch ein paar Tage abgewartet ohne das Haus zu verlassen. Am Wochenanfang ist sie dann in die Kreisstadt zur Zentralschule gefahren. Dort erfuhr sie, daß der Herr Richter allem Anschein nach republikflüchtig geworden sei; ohne Erklärung oder Krankmeldung bleibe er seit einer Woche dem Unterricht fern. Ein Kollege, der täglich mit der Bahn aus Magdeburg anreise, habe ihn ohne Gepäck in einen Zug einsteigen sehen. Ob Frau Richter etwa in die Fluchtpläne ihres Mannes eingeweiht gewesen sei? Sei ihre Ehe zerrüttet gewesen?

Frau Richters aufgerissene Augen liefen voller Tränen, so daß der Rektor stotterte, er müsse leider solche Fragen stellen. Herr Richter sei nicht der einzige, der sang- und klanglos Richtung Elbe …

Richtung Westen. Fort von einer Frau mit Vergangenheit, einer Vergangenheit, die der Spätheimkehrer Richter nach den Jahren der Kriegsgefangenschaft nicht für möglich gehalten hatte, nicht bei seiner Frau. Hatte er ihr keine Chance gegeben, sich zu rechtfertigen oder das Gemunkel der Leute zu widerlegen?

Niemand wird es erfahren. Man sah nur, daß Elsbeth weiterlebte, wenn sie auch das Haus nur noch frühmorgens verließ, um im Wald Beeren, Pilze, Kräuter zu sammeln, Brennholz und Futter für die Kaninchen. Von den Nachbarn beäugt, hängte sie im Hof Wäsche auf die Leine, spaltete Holz und molk die Ziege.

Als die Zeiten besser wurden, ging es der jungen Frau immer schlechter. Sie verließ das Haus überhaupt nicht mehr. Im Hof sah man sie nur noch mit einer schwarzen Brille, als ob sie die Sonne, die alles an den Tag bringt, fürchte. Der Arzt diagnostizierte eine Lichtallergie. Die Dorfbewohner hatten eine eigene Meinung, allen voran die Flüchtlingsfrau, die damals bei den Kretschmars in der Mansarde gewohnt hatte. Sie hielt die üble Nachrede am Köcheln, und das Gezischel von Mund zu Ohr veränderte sich durch unterdrücktes Kichern und Schmatzen: die Kretschmar … die alte … die junge … freiwillig … ausgezogen … splitternackt … alle haben's gewußt … bloß der Herr Richter … der Lehrer … kann einem leid tun … reingefallen … Hochzeit … erste nach dem Krieg … aber wie im Frieden … geschlossener Myrtenkranz … ach du lieber Himmel …

Es war wie bei dem Gesellschaftsspiel »Stille Post«, wo die Teilnehmer im Kreis sitzen. Worte und Sätze werden von Ohr zu Ohr geraunt, der letzte empfängt schließlich eine Botschaft, die mit der ursprünglich eingeflüsterten nicht übereinstimmt.

Nahkampf

Willste zum Friedhof?« rief die Postbotin mir zu.

»Im Gegenteil, Geburtstag feiern.«

»Na denn viel Spaß.«

Wir radelten aneinander vorbei. Ich bog in die Wiesenburger Straße ein, die aus dem Dorf hinausführt, und trat kräftig in die Pedale. Es war höchste Zeit; die Gäste waren um zwölf Uhr zum festlichen Mittagessen geladen.

Der Blumenstrauß in meinem Gepäckträger war nicht für ein Grab bestimmt, sondern für Tante Thea, die heute fünfzig wurde – du lieber Gott, ich möchte nie fünfzig Jahre alt werden.

Daß man trotzdem so vergnügt sein konnte, so ausgelassen und übermütig, wunderte mich. Tante Thea strömte über vor Freude, als ich ihr mein Geschenk und meinen Strauß brachte. Ich hatte alles geschnitten und gepflückt, was unser Garten um die Jahreszeit zu bieten hatte, Astern, Dahlien, Tigerlilien, Gerbera in einem Kranz von Farnblättern.

»Wunderbar!« Thea steckte ihre Nase tief in die Blüten, obgleich da nichts duftete. Sie ließ sich von allen umarmen und küssen und drücken und strahlte, als ob sie, wie ich vor ein paar Tagen, ihren zwanzigsten Geburtstag beging. Dabei hatte sie schon graue Strähnen im Haar, bei Sonnenlicht sah man es deutlich. Ob der tiefsitzende Dutt echt war oder ob ein falscher Wilhelm im Nacken saß?

Mir hatte die Gute einen Tischherrn an die Seite gesetzt, der mich mit seinem Süßholzgeraspel langweilte, einen gewissen Leutnant Lohmann oder Lohmeier. Man konnte ihn einfach mit Herr Leutnant anreden. Wenn er nicht gerade den Mund voll hatte, schwadronierte er drauflos: Er habe gerade drei Wochen Genesungsurlaub, aber seine Verwundung – er hielt seinen rechten Arm hoch – sei so schlimm nicht und habe ihm übrigens die silberne Nahkampfspange eingebracht, mit Flammenwerfern sei da gekämpft worden, doch jetzt wollte er nicht vom Krieg reden, der Arm sei gut verheilt. Er könne also trotzdem mit mir tanzen. Er freue sich schon darauf, meine Wespentaille umfassen zu dürfen, es werde doch hoffentlich getanzt.

Auf Theas Geburtstagsfeiern wurde immer getanzt, auch im Krieg, auch im Herbst des Jahres 1943.

Aber noch war die Zeit des Tanzens nicht gekommen. Zwischen Hauptgang und Dessert hielt der Hausherr erst einmal eine seiner berühmten Tischreden, eine Laudatio auf seine geliebte Frau, die Mutter seiner Kinder, die Oma des süßen Enkels. Wie Onkel Richard alsdann auf die schwere Zeit zu sprechen kam, die jetzt durchgestanden werden müsse, geriet die Tischrede von Satz zu Satz mehr zu einem hohen Lied auf das bedrohte Vaterland, das teure, auf den ältesten Sohn der Familie an der Adriafront und auf alle, denen es zu danken sei, daß wir hier so fröhlich beisammen sein könnten. Der Herrgott – er meinte wohl den Gott, der Eisen wachsen ließ – möge unsere tapferen Soldaten schützen. Ein Wunder, daß Onkel Richard hier nicht das Deutschlandlied anstimmte. Die Worte Heimatscholle und Vaterlandsliebe kamen ihm im Tremolo über die Lippen. Die Heimatscholle, die von den Vätern ererbte, müsse gegen alle Feinde verteidigt werden; es gebe viele Worte für Liebe, aber die Vaterlandsliebe sei die höchste. Ehe ihm die Tränen kamen, schloß Onkel Richard seine Rede mit einem Prost auf die Jubilarin und einem Dank an den Führer Adolf Hitler, auf dessen Wort, daß kein Feind je deutschen Boden betreten werde, man sich verlassen könne. Amen.

Nach dem Essen zogen die Älteren sich zu einem Mittagsschlaf zurück. Die Jugend brach zu einer Wanderung nach Burg Rabenstein auf.

Ich entschuldigte mich mit dem Vorwand, Tante Theas Enkel beaufsichtigen zu müssen. Der Herr Leutnant war sehr enttäuscht. Er konnte nicht ahnen, daß ich Tag und Nacht an einen jungen Mann dachte, der kein eisernes Kreuz, keine silberne Nahkampfspange und gottlob auch kein Verwundetenabzeichen trug, einen Gefreiten, den ich heiraten würde, sowie er den nächsten Heimaturlaub bekommen sollte. Keine Chance also für Sie, Herr Leutnant, nicht einmal für ein Techtelmechtel. Tut mir leid.

Für den Nachmittag war auf der Terrasse gedeckt. An einem Ende der Tafel saßen Kinder und Halbwüchsige. Mich hatte man genau zwischen die Jugend und die Erwachsenen plaziert. Auf langen Tischen war das Kuchenbüfett aufgebaut, Riesenbleche mit Pflaumen- und Apfelkuchen mit Streuseln. In diesem Jahr waren die Wespen so lästig wie nie zuvor. Bloß nicht verscheuchen, sagte der Leutnant, der leider wieder den Platz neben mir erobert hatte, bloß nicht verscheuchen, sonst fallen die verfluchten Brummer über einen her.

Die Festgesellschaft ließ es sich trotzdem schmecken. Für die Erwachsenen wurde echter Bohnenkaffee ausgeschenkt wie zu Friedenszeiten. Jetzt sagten die Kinder Gedichte auf und trugen Lieder vor. Der alte Hausarzt der Familie, der schon Thea und dann Theas Kinder auf die Welt geholt hatte, gab Anekdoten zum besten. Die fidele Tante lachte Tränen und ließ sich feiern. Nichts störte ihre gute Laune.

Bis, ja bis eine besonders angriffslustige Wespe sie in die Zunge stach, just als sie einen nächsten Happen in den Mund schob. Sie schrie, sprang auf und spuckte den

Kuchen samt der Wespe auf den Tisch, doch die hatte schon zugestochen. Im Nu schwoll Theas Zunge an; sie konnte nicht mehr lachen und nicht mehr sprechen, nur noch lallen und stöhnen. Ihre Schwiegertochter, Onkel Richard und der Arzt führten sie ins Haus.

Mein Tischherr nützte die allgemeine Verwirrung aus, um mich in den Park zu entführen. Er müsse sich bewegen, das Festessen und der Kuchen seien zu viel des Guten gewesen, das sei er nicht mehr gewöhnt, an der Front stehe auch einem Offizier nur ein Schlag aus der Feldküche zu, im Lazarett habe er natürlich dieselbe Verpflegung bekommen wie ein Gefreiter.

Er bot mir seinen verwundeten Arm. Wir wandelten auf geharkten Wegen. Da und dort lagen tote Wespen. Die Männchen, belehrte mich mein Begleiter, sterben nach der Paarung, die Weibchen dagegen überwintern. Haben Sie das gewußt?

Der Herr Leutnant steuerte auf die von Knöterich umwickelte Laube zu, er wollte mir ein paar Fotographien von meinem Vetter Richard zeigen, dem Sohn des Hauses, seinem besten Kamerad. Ein Jammer, daß Richard nicht mitfeiern könne.

Bis auf einen runden Tisch war die Laube leer. Die Gartenstühle hatte man für die Kaffeetafel gebraucht. Statt aber nun seine Brieftasche zu zücken, um die Fotos hervorzuholen, nestelte der Herr an seinem Hosenlatz. Sein Blick verschlang mich so gierig, wie sein

Mund den Pflaumenkuchen verschlungen hatte. Als habe ihn dabei auch eine Wespe in die Zunge gestochen, lallte und stöhnte er, drängte mich tiefer in die schattige Laube und wollte mich auf dem Tisch umlegen. Sein Knie stieß mir zwischen die Schenkel, das Koppelschloß drückte sich in meinen Bauch, mit der einen Hand packte er mich im Nacken, mit der anderen am lädierten Arm versuchte er mir unters Kleid zu greifen.

Dieser Überfall kam so blitzartig, daß ich eine Schrecksekunde lang wehrlos war. Was dann folgte, war ein Nahkampf, Mann gegen Frau, Frau gegen Mann, Körper an Körper. Dabei kippte der Tisch um. Das war meine Chance. Es gelang mir, den keuchenden Menschen von mir zu stoßen und aus der Laube zu fliehen.

Hätte ich Mitleid mit einem Frontsoldaten, pardon, Offizier, haben sollen, der wer weiß wie lange keine Frau mehr zu Gesicht bekommen, geschweige denn berührt hatte? Aber auch wenn der smarte Herr weniger stürmisch vorgegangen wäre und sich wie Willy Birgel in einschlägigen Filmszenen mit artigen Vorreden aufgehalten hätte, wäre ich geflohen.

Ich bin davongelaufen, in weiten Sprüngen über Rasen und Rabatten. An der Kaffeerunde wunderte sich niemand, wie atemlos und erhitzt ich zurückkam. Die Aufmerksamkeit galt dem Angriff der Wespe und den möglichen schlimmen, ja tödlichen Folgen eines Wespenstiches.

Onkel Richard kam zurück und berichtete, daß Thea das Bett hüten müsse. Nach Aussage des Arztes bestehe keine akute Lebensgefahr, sie leide aber unbeschreiblich. Und das ausgerechnet an ihrem Geburtstag.

Den Gästen war die Lust auf einen Tanzabend vergangen; einige verabschiedeten sich sogleich, andere blieben noch zum Abendessen. Mich bat Onkel Richard, über Nacht zu bleiben und bei dem Enkel zu schlafen; die Schwiegertochter würde Thea versorgen.

Ich zog mich ins Kinderzimmer zurück. Über der Kommode hing eine gerahmte Fotografie meines Vetters. Niemand wußte zu dem Zeitpunkt, daß er auf einem Hauptverbandsplatz in Mittelitalien im Sterben lag.

Tante Thea hatte, wie ihre Schwiegertochter berichtete, die Nacht gut überstanden. Ohne zu frühstücken wollte ich so rasch wie möglich aufbrechen. Niemand begegnete mir im Haus, nur im Apfelgarten klappten zwei Frauen die Gartenstühle zusammen und trugen die Tische fort.

Ist dieser Herbstmorgen nur in meiner Erinnerung so unwirklich? Träumten Wald und Wiesen noch, und ich sah »die gedämpfte Welt im warmen Golde fließen«? Kamen mir solche Verse in den Sinn, oder hatte der Vergewaltigungsversuch des Herrn Leutnant in der Gartenlaube mir die Poesie ausgetrieben? Versuchte ich, mir in den schönsten Farben auszumalen, wie ich als Braut in Weiß mit Schleier und Myrtenkranz neben meinem Geliebten vor den Altar treten und dann in seinen Armen keine Angst haben würde? Tante Thea hatte mir versprochen, ein paar Hühner für ein Frikassee zu spendieren oder, falls es mit dem Heiratsurlaub erst im Winter klappen würde, eine fette Gans für das Festessen zu schlachten.

Mein Heimatdorf liegt in einem flachen Tal. Hügelwellen ziehen sich bis an die Wälder ringsum, gerade noch eben genug, um hier die Äcker bestellen zu können. Die Bauern schimpfen über die vielen Steine, die beim Pflügen aufgeworfen werden, von Gletschern verfrachteter Schutt am Ende eiszeitlicher Moränen. Um diese Jahreszeit werden die Felder für die Wintersaat vorbereitet.

Auf halbem Wege sah ich im Gegenlicht ein Pferd aus einer Senke tauchen, dahinter den Pflug und den Pflüger; im nächsten Becken verschwand das Bild bis auf den nickenden Kopf des Tieres, um sich auf der Anhöhe wieder zu zeigen. Als habe ihn der Schlag getroffen, blieb der Bauer dort ruckartig stehen und stieß einen Schrei aus, dann warf er beide Arme in die Luft. Hatte den etwa auch eine Wespe überfallen, ein ganzer Wespenschwarm?

Außer mir war weit und breit kein Mensch. Ich lehnte mein Fahrrad an einen Baumstamm und setzte in langen Sprüngen, wie gestern im Park, über den Acker, stolperte, fiel, raffte mich wieder auf.

Als ich das Pferd erreichte, war der Mann wie vom Erdboden verschluckt. Erst von der nächsten Kuppe aus sah ich ihn neben einem Flugzeugwrack knien, dessen Propeller und Motor sich in die Erde gebohrt hatten. Unter einem der verbogenen Flügel lag der Pilot, den Oberkörper in den Fallschirm verwickelt. Der Bauer – ich erkannte jetzt den alten Eggebrecht – war dabei, dem Toten die Schuhe auszuziehen.

»Wo kommst du denn her?« stotterte Eggebrecht, als ich ihn erreicht hatte, »wo kommst du denn her?« und, nachdem er den Fallschirm ein Stück zur Seite gezerrt hatte: »Ein Neger, ein gottverdammter Neger. Aber unsre Flak holt alle runter. Haste es heute nacht nich brummen hören?«

Er riß an dem Segeltuchsack auf der Brust des Toten. Es gelang ihm, die Brieftasche aus der Uniformjacke zu zerren. Er hielt sie triumphierend hoch. Da seien Dollars drin, bestimmt eine Menge Dollars, er wolle aber die Kamera finden, die sei in Aufklärungsflugzeugen einmontiert.

»Steh doch nich so rum. Pack lieber mal an. Wir müssen den Kerl wegdrehn, det fette Schwein. Wir wolln ja die schöne Seide nich kaputtreißen. Die kannste haben, wenn de willst, fürs Brautkleid. Du heiratest doch bald, oder?«

Als ich mich nicht von der Stelle rührte, schlug sich der Alte allein mit der Leiche herum. Er wollte alles haben, die Jacke und die Hose, den Ledergürtel und das Koppelschloß. Schwer atmend rollte er den Mann auf die Seite, indem er sich mit dem eigenen Körper gegen ihn stemmte. Aber der andere fiel wieder auf den Rücken. Der Bauer fluchte und gab nicht auf. Vor meinen Augen spielte sich auf dem Acker ein Nahkampf ab zwischen einem Lebenden und einem Toten.

Ich habe nicht gewartet, bis Eggebrecht die schöne Fallschirmseide gerettet hatte. Meine Beine trugen mich wieder. Mühsam, als sei ich Jahre gealtert, schleppte ich mich bis zur Chaussee zurück.

»Na, denn nich«, brüllte der Bauer hinter mir her, »aber du hast nichts jesehn, hörste? Nichts jesehn!«

Spuren im Sand

»Agnes, hol den Spiritus.« Diese Redensart war in unserer Familie die Formel, die in allen schwierigen oder aussichtslosen Situationen Mut machen sollte. »Agnes, hol den Spiritus« hieß soviel wie: Es geschehen noch Zeichen und Wunder.

Agnes, die junge Agnes, die noch gesunde Glieder hatte, noch leichtfüßig war und tanzen konnte, hatte aus Versehen nach der Flasche mit Kampferspiritus gegriffen anstatt nach der, in welcher der Apotheker eine Arznei aus Minze, Baldrian und Äther gemixt hatte und die einer seit Jahren bettlägerigen Tante dreimal täglich eingeflößt werden mußte. Die Töchter des Hauses hatten die Aufgabe, die Kranke zu versorgen. »Meinen Schwestern und mir oblag es, dieser Pflicht nachzukommen«, pflegte Agnes in einem Tonfall zu sagen, als deklamiere sie ein Zitat.

Ihr oblag es an jenem Tag.

Sie trat an das Bett, legte die kupferne Wärmflasche an das Fußende, stützte den Kopf der Patientin und verabreichte ihre einen Eßlöffel mit den vermeintlichen Dreierleitropfen. Agnes hat diese Geschichte oft mit fast immer denselben Worten zum besten gegeben. Was für Flausen hatte ich im Kopf, daß ich die beiden Flaschen verwechseln konnte? Aber ob ihr's glaubt oder nicht, die Tante schrie, spuckte, hustete und sprang aus dem Bett. Naja, sprang ist übertrieben, sie hat sich aufgesetzt, die Beine über den Bettrand gelegt und ist tatsächlich ein paar Schritte getaumelt, bis ich sie aufgefangen habe. Von Stund an ging es aufwärts mit ihr.

Was für Flausen hatten siebzehnjährige Mädchen dazumal im Kopf? Noch keine Diskos, Reisen, Karrieren als Models. Sie trällerten auch noch nicht »Gern hab ich die Frauen geküßt« oder »Dein ist mein ganzes Herz«, was meine Mutter in dem Alter geträllert hat. Summte Agnes längst in Vergessenheit geratene Liebeslieder vor sich hin? War sie schon ihrem Eugen begegnet, der sie alsbald heimführen sollte?

Eugen hielt um ihre Hand an. Der Satz, fand Agnes, könnte bei Fontane stehen: »Ich muß dir nämlich sagen, Effi, daß Baron von Instetten eben um deine Hand angehalten hat. Er ist freilich älter als du.«

Eugen war fünfzehn Jahre älter als Agnes und zweifellos auch »ein Mann von Charakter, von Stellung und guten Sitten«. Jedenfalls war Agnes, um bei ihrem geliebten Fontane zu bleiben, »in einer guten Stimmung. Sie war nun Braut und das andere mußte sich von selbst ergeben.«

Das andere, was sich von selbst ergeben mußte, war die Rolle als Eugens Ehefrau und Geliebte. Ein einziges Mal hat Agnes Jahrzehnte später, lange nach Eugens Tod, eine Bemerkung fallen lassen, aus der ich schließen konnte, wie erbarmungswürdig unvorbereitet und unaufgeklärt sie in die Ehe gegangen war: »Wenn man meinen Schwestern und mir ein bißchen mehr gesagt hätte, wäre uns viel erspart geblieben.« Und sie hat hinzugesetzt: »Ach, du lieber Himmel.«

»Unsere Verlobung unterm Weihnachtsbaum«, vermeldet Agnes' Tagebuch am 25. Dezember 1884. »Wir durchtanzten die ganze Nacht. Alles ging gut über die Bühne.«

Die beiden Hauptfiguren auf dieser Bühne waren meine Großeltern mütterlicherseits. Sie eröffneten den Tanz mit einer Polonaise, drehten sich beim Walzer und stampften bei der Polka.

Agnes sollte die Hauptfigur in meinem Leben werden, obgleich sie diese Rolle nie für sich beansprucht hätte. Ich selbst habe schon gar nicht damit gerechnet, daß sie sich so zu Wort melden würde, daß vieles, was sich späterhin ganz anderswo abspielen sollte, wie von langer Hand inszeniert zu sein schien.

Manchmal werden die Toten lebendig, beim Tischdecken zum Beispiel, beim Bettenmachen, vorm Einschlafen oder ohne Anlaß. Da sind sie anwesender, als sie im Leben je waren. Ich sehe ihr lebendiges Haar, die unverwischten Gesten. Sie haben die Kleider an, die ich kenne, die Uhr am Handgelenk, die ich jetzt trage. Ihre Augen, die ich ihnen zugedrückt habe, sehen mich fragend an, als wollten sie sich vergewissern, daß sie unvergessen sind. Sie sind das Gegenteil von Gespenstern, keine Schemen, keine Schweißtuchbilder, von denen man nicht genau weiß, ob sich ihre Abdrücke eingeprägt haben, und schon gar keine digitalen Figuren, die man sich beliebig heranzoomen kann, wie man sich Elvis Presleys unsterblichen Hüftschwung, Marilyn Monroes Augenzwinkern, ihren weißen wehenden Rock überm Luftschacht vor Augen führen kann. Sie kommen nicht, wenn wir es wollen. Sie treten für Augenblicke in Erscheinung. Was sie im Leben beiläufig sagten, wiederholen sie mitunter Wort für Wort. »Das ist keine gute Idee« oder auch nur »mach mal halblang«, warnte Agnes, wenn einer von uns im Begriff war, eine Dummheit zu begehen.

»Das ist keine gute Idee«, meinte sie, als ich bald nach meiner Einschulung Zündplättchen in den Griffelkasten steckte, um damit die Lehrerin erschrecken zu können. »Das kann ins Auge gehn«, sagte Agnes, machte das Schwämmchen für die Schiefertafel naß und befeuchtete damit die Zündplättchen. »Das ist keine gute Idee«, warnte sie meine Mutter, als diese, um ihre Lizenz als Klavierlehrerin nicht zu verlieren, wenn schon nicht in die Partei, so doch wenigstens in die nationalsozialistische Frauenschaft eintreten wollte. Ich füllte sechs Jahre später im Sekretariat der Ernst-Moritz-Arndt-Universität Greifswald ein Anmeldeformular für die Sozialistische Einheitspartei der Deutschen Demokratischen Republik aus; nur ein Parteimitglied wäre als Wissenschaftlicher Nachwuchs eingestuft und gefördert worden. Meine Karriere stand auf dem Spiel. Doch der Kuli sträubte sich, meine Unterschrift zu leisten; auch als ich eine neue Mine einlegte, funktionierte er nicht. »Laß die Finger davon.« Zu dem Zeitpunkt lebte Agnes schon nicht mehr.

Man könnte meinen, Agnes sei lebenstüchtig und mit gesundem Menschenverstand ausgerüstet gewesen, eine, die mit beiden Beinen auf der Erde stand.

Ihre Beine waren aber unterschiedlich lang. Sie hinkte zum Gotterbarmen. Sie schaukelte bei jedem Schritt von einer Seite zur anderen. »Operation in Halle. Das Hüftgelenk mußte entfernt werden«, heißt es am 29. Oktober 1886 lapidar im Tagebuch. Was war geschehen? Agnes war bis zu dem Zeitpunkt, wie mir ihre Schwester Else versicherte, kerngesund. War es ein Unfall? Else schüttelte energisch den Kopf. »Da mußt du deine Großmutter schon selber fragen.«

Ich habe sie nicht gefragt, aus Scheu, an eine Wunde zu rühren. Nur nachgeschlagen habe ich in ihren Aufzeichnungen; innerhalb der ersten vier Ehejahre vier Schwangerschaften und eine Fehlgeburt. Von den vier

Kindern lebte keines länger als ein paar Tage. Hinter den Namen Kreuze.

Ich schämte mich, so nachgerechnet zu haben. Gehört es sich, durchs Schlüsselloch des großelterlichen Schlafzimmers zu gucken? Es gehört sich nicht, hätte Agnes gesagt. Was fällt dir ein. Hat das andere, über das niemand sprach, über das man den Töchtern ein bißchen mehr hätte sagen sollen, zu den vier kleinen Grabhügeln auf unserem Friedhof geführt und weiter in eine Klinik nach Halle, wo man Agnes kurzerhand ein Hüftgelenk entfernte?

Welchen Zusammenhang es zwischen den Kindbetten und der »Hüftgelenkentzündung« gab, blieb unerfindlich. Agnes hat darüber beharrlich geschwiegen. »Fünf Monate im Wasserbett«, vermeldet ihr Tagebuch. »Ich mußte wieder laufen lernen.«

Im Wasserbett wurde die Agnes geboren, die ich gekannt habe. Die schnallte sich jeden Morgen, den Gott werden ließ, eine Lederschiene an ihr linkes Bein – durch Dutzende Ösen mußten lange Schnürsenkel gezogen, das metallene Kniegelenk und der Abschluß am Oberschenkel mit Zellstoff gepolstert werden. Lebte Agnes heute, hätten Antibiotika oder im Ernstfall eine Hüftprothese das Problem gelöst. Wäre dann auch die Frau aus ihr geworden, deren Spuren allenthalben zu sehen waren, im Sand, in den Sägespänen auf dem

Holzhof, am deutlichsten im Schnee, wenn er angefroren war und man einbrach. Wo der eine Fußabdruck tiefer war als der andere und daneben ein noch tieferes Loch zu sehen war, das der Stock gebohrt hatte, ist Agnes gewesen. Man wußte immer, wo sie gegangen, woher sie gekommen war. Sie schien immer überall zu sein. Eugen hatte die Arbeit nicht erfunden. Er liebte das edle Waidwerk, das gute Essen und die Damen. Sieben Jahre nach dem Tod der Kinder schlug er Agnes vor, über eine Adoption nachzudenken, er brauche einen Erben.

Hat Agnes da wieder nach der falschen Flasche gegriffen und ein Wunder bewirkt? Hat sie »das wäre ja gelacht« gesagt – einen Satz, den ich ihr nicht in den Mund lege, den ich oft von ihr gehört habe? In rascher Folge brachte sie drei Söhne und eine Tochter Elisabeth zur Welt. Sie wurden schon im Mutterleib gewiegt und geschaukelt. Die Angst, ob diese Kinder lebensfähig sein würden, vertraute Agnes nicht Eugen, sondern ihrem Tagebuch an.

Die drei ledergebundenen Bücher hat meine Mutter in ihrem Fluchtgepäck mitgenommen und später mir ausgehändigt. Auf den ersten Seiten steht jeweils ein Motto. Eins davon heißt: »So zweifelsohne ist niemand, daß man ihm nicht seine Dämlichkeit auf irgend etwas hin beweisen könnte. Fontane«.

Ihre Dämlichkeit beweisen diese Aufzeichnungen

weiß Gott nicht. Die Schreiberin führte aber ein Leben jenseits ihrer Vortrefflichkeit: eine zweite Agnes neben der beherzten, die immer nach dem Rechten sah und die selbst dann noch Gutes bewirkte, wenn sie einer Bettlägrigen statt Arznei Spiritus einflößte.

»Warum nur halten mich alle für einen Engel? Ich bin auch nur ein Mensch. Warum hält Eugen mich für die Tüchtigkeit in Person. Ich muß sogar die Löhne auszahlen, was seine Aufgabe wäre. Auch die Ahnentafel für seine Pferdezucht obliegt mir. Recht geschieht mir. Ich bin selbst schuld. Ich will ja nur, daß man meine Hinkerei übersehen soll. Darum mache ich mich unentbehrlich. Oft tut mir jeder Knochen einzeln weh, doch niemand soll sich unterstehen, mich für einen Krüppel zu halten. Wir handeln meistens aus anderen Gründen, als wir zu handeln meinen.«

Was Agnes schwarz auf weiß hinterlassen hat, ist eindringlicher als alles, was sie gesagt hat. Ihr, die andere ermuntern konnte, gelang es nicht, das ist nachzulesen, sich selbst zu ermutigen. Die andere trösten konnte, war selbst untröstlich. Beim Schreiben hatte sie keine ironischen Wendungen mehr parat. Kein »Das wäre ja gelacht« oder ihren Lieblingsspruch »Gesagt, getan.«

Nicht nur über den Tod der ersten vier Kinder, über den Tod des ältesten Sohnes im Ersten, den des Enkels im Zweiten Weltkrieg, über die lebenslange Behinderung und endlich über den Verlust von Hab und Gut, stimmt sie, die nie klagte, im Tagebuch ein Klagelied an wie Jeremias, der seitenlang zitiert wird: »ER hat mich geführt und gehen lassen in die Finsternis und nicht ins Licht ...ER hat sich mit einer Wolke verdeckt, daß kein Gebet hindurch kann. Aber darf ich denn sagen, daß solches geschieht ohne des Herrn Befehl?« Immer wieder stieß ich beim Lesen der Tagebücher auf das Zeichen Ps, eine Zahl dahinter. Ps heißt hier Psalm. Ps 117 zum Beispiel: »Die irregingen in der Wüste, errette Er aus ihren Ängsten.« Ich glaube, Agnes konnte sie alle auswendig.

Die Hinkerei haben wir tatsächlich übersehen. Mitleid mit einer Frau wie Agnes, von der, wie ihre Schwester Else zu sagen pflegte, man sich eine Scheibe abschneiden könne, kam nicht in Frage.

Sie selbst schien sich mit ihrer Behinderung abgefunden zu haben, schien sie hinzunehmen, als gottgewollt vielleicht. Schließlich muß man aus allem das beste machen.

»Wenn ich laufen könnte«, steht mehrfach in den Tagebüchern, »hätte ich manchmal schon Reißaus genommen«, und am 7. Dezember 1914: »Seit Eugen tot ist, bin ich wirklich unentbehrlich. Jetzt im Krieg versorgen wir auch noch die Lieben in Genthin und Magdeburg. Obgleich Schwarzschlachten streng verboten ist, schlachten wir heimlich. Ein geschlachtetes Schwein habe ich gestern zu Else kutschiert. Man muß sich was einfallen lassen. Der toten Sau wurde ein schwarzer Mantel angezogen, ein Kompotthut mit Schleier aufgestülpt. So plazierten wir sie in den Landauer. Ich saß in Trauerkleidung daneben und hielt einen Kranz auf den Knien. Die Straßen waren tief verschneit, aber nicht glatt. Zweimal hat uns ein Gendarm angehalten. Da habe ich ihm erklärt, daß wir zu einer Beerdigung fahren. Dabei habe ich so geschluchzt, daß der gute Wachtmeister uns sein Beileid wünschte und nicht kontrollierte. Der Kutscher knallte mit der Peitsche. Wir konnten weiterfahren.«

Nein, Agnes nahm nicht Reißaus. Zu einer Zeit, als die Uhren noch tickten, die Lichtschalter sich noch drehn ließen und die Türen noch Schwellen und Füllungen hatten, gingen Frauen nicht auf und davon, auch wenn man ihnen mehr zumutete, als zumutbar war.

Auf einer alten Fotografie von 1914 steht Agnes, zum Erschrecken abgemagert, zwischen meiner Mutter und einem Offizier, von dem es im Tagebuch heißt: »Hauptmann Semmelroth ist bei Ostrolenka verwundet worden. Er glaubt nicht, daß der Krieg bald zu Ende sein wird. Er meint, wenn wir das Schießpulver erfunden haben, müssen wir auch schießen. Das klang verbittert. Der Hauptmann macht übrigens Elisabeth schöne Augen, wie alle Herren der Einquartierung.«

Die Tagebücher begleiteten mich um die halbe Welt. Mein Beruf als Fotoreporterin führte mich in vier von fünf Kontinenten. Eines Tages landete ich in Südwestafrika, das heute Namibia heißt. Im Auftrag meines Verlages sollte ich für einen Bildband über die ehemalige deutsche Kolonie recherchieren. Von feudalen Gästefarmen aus, wo man sich im Swimmingpool erfrischen und in kühlen Räumen wohl fühlen konnte, startete ich jeden Morgen in eine andere Himmelsrichtung, immer wieder erschreckt darüber, wie übergangslos man ins weglose Buschland kam.

Von meinem Hotelzimmer in Swakopmund aus sah ich über flache Bungalows hinweg landeinwärts ein Wüstenpanorama, leer und gelber, als das Auge aushalten konnte. Gäbe es eine Steigerung des Wortes tot, es wäre das richtige Attribut für dieses Bild. Ich habe es mit der Kamera festgehalten. Nur wenn ich mich weit aus dem Fenster beugte, sah ich Spikopje, ein Gebirge, das unerwartet aus der Fläche steigt und das große wirtschaftliche Bedeutung gewonnen hat, weil man dort Uran gefunden hat. Eines Tages glaubte ich am Wüstenhorizont die Umrisse eines kleinen rechteckigen Hauses zu erblicken, das zitternd in der Gluthitze über dem Boden schwebte. Als ich meinen Fotoapparat holte, um eine Aufnahme zu machen, war die Erscheinung verschwunden. In diesem Landstrich gewöhnt man sich an Trugbilder.

Auf eine andere Art eindrucksvoll waren die purpurnen Sonnenuntergänge am Atlantik. Doch aus Furcht vor kitschigen Bildern machte ich wenige solcher Aufnahmen. In einem weit ins Meer hinausgebauten, über dem Wasser schwebenden Restaurant war mein Fensterplatz. Hier tafelten allabendlich die mit dem Uranabbau beschäftigten Geologen, Physiker, Chemiker, Ingenieure, Prospektoren. Ein Pole erklärte mir in akzentfreiem Deutsch die komplizierte Gewinnung reiner Uransalze. Die Lagerstätten hätten sich als ergiebig, ja unerschöpflich und rentabel erwiesen, zumal auch Kobalt gefördert werde. Überhaupt seien die Uranvorkommen in aller Welt groß genug, um den Bedarf an Atomenergie auch in Zukunft zu decken, vor allem für medizinische Zwecke.

Drei Tage vor meinem Rückflug nach Europa fuhr ich nach Cape Cross, um die Seelöwen zu sehen, arktische Tiere, die der kalte Benguelastrom vorzeiten hierher verlockt hat und die an der fischreichen Küste bis heute geblieben sind. Wie ich mich vorsichtig mit gezückter Kamera den Klippen näherte, glitten die Tiere ins Wasser und tauchten in der Brandung weg. Nur ein kolossaler Bulle wälzte sich herum und riß sein Maul auf, daß ich mich vorsichtshalber zurückzog und abwartete, bis auch er, tutend wie eine Schiffssirene, sich ins Meer geschleppt hatte. Touristen haben hier keinen Zugang, wenn die Kühe trächtig sind, weil die Bullen dann aggressiv werden. Auch wenn die Robben, um den wertvollen Seal zu gewinnen, geschlagen werden, ist der Aufenthalt an diesem Strand verboten.

Der Deutsche, der den Betrieb überwachte, machte mich darauf aufmerksam, daß nicht weit von hier in der Namib noch eine Sehenswürdigkeit zu finden sei, die Welwitschia mirabilis, eine Wunderpflanze, die eine Pfahlwurzel bis zu zehn Metern tief in den Sand bohrt, um an eine Wasserader zu gelangen, und die, was noch erstaunlicher ist, an der Unterseite ihrer langen, bandförmigen Blätter Saugnäpfe entwickelt hat, um sich bei Sandstürmen am Boden festhalten zu können. Diese Überlebenskünstlerin Welwitschia durfte in meinem Buch nicht fehlen. Mein Jeep erwies sich als außerordentlich geländegängig. Die Namib ist keineswegs eine glatte Fläche, als die sie mir von meinem Hotelfenster aus erschienen war. Es ging über sanfte Hügel, durch flache Täler und immer wieder durch Seen, ohne daß ein Tropfen aufspritzte – es waren Spiegelungen am Übergang verschieden dichter Luftschichten. Ich entdeckte zwei Prachtexemplare der wunderbaren Welwitschia, glaubte noch ein drittes zu erspähen, aber das war wohl doch nur vorgegaukelt.

Eine Fata Morgana mußte auch das Haus gewesen sein, das mir einmal, gar nicht so sehr weit entfernt, vor Augen kam. Sollte hier die ehemalige Leprastation noch stehen, in der Kranke, schwarze Kranke, isoliert worden waren? Den von der Lepra Befallenen, hat mir ein Landeskundiger erzählt, habe man alle paar Tage frisches Wasser und Hirse auf halbem Wege entgegengebracht. Um die abgestellten Kanister und Kisten zu holen, habe einer der Verbannten eine Trommel schlagen müssen, um die Gesunden zu warnen. Es habe ja noch keine Weltgesundheitsorganisation gegeben, keine Aussätzigenhilfswerke. Heute weiß man, daß Lepra nicht so ansteckend ist, wie man damals befürchtete.

Das Haus, das ich aus der Ferne meinte gesehen zu haben, mußte einen realen Ursprung haben. Doch was heißt in diesem Land Nähe, was Ferne. Ich wollte die legendäre Leprastation im Bild festhalten. Wenn sie sich zeigen sollte, würde ich sie von weitem, ohne Teleobjektiv, aufnehmen, ein schwebendes Haus in der Wüste. Das könnte sogar das Titelbild des Buches werden.

Ich mußte höllisch aufpassen, um nicht die vorgetäuschten Seen für Wasser zu halten und scharf zu bremsen. Ich fuhr weiter, als gebe es noch die Fußspuren mit den abgefaulten Zehen, die die Aussätzigen hinterlassen hatten. Ich hatte nichts als zwei Flaschen Coca Cola mitgenommen, von denen eine schon leergetrunken war. Es hatte ja nur ein Abstecher nach Cape Cross werden sollen. Im Kofferraum lagen ein Wagenheber und ein Schraubenschlüssel, auf dem Beifahrersitz meine Fotoausrüstung, daneben ein Feldstecher. Wenn ich ihn mir vor die Augen hielt, zeigte sich nichts als Wüste und Himmel und Himmel und Wüste, blau und gelb, gelb in allen Ockertönen. Es schien ein leichter Wind zu wehen. Hier kommen die Winde häufig aus Osten und aus zweitausend Meter Höhe, Fallwinde, die sich in der Namib voll Sand saugen und bis zu fünfunddreißig Grad Hitze mitbringen. Jetzt handelte es sich aber nur um einen Luftzug, der feine Sandwellen über die Fläche schob, wie in Deutschland im Winter der Wind Schneeschleier über den Boden pustet. Schneesand, Sandschnee. Die Eskimos sollen dreißig Worte für Schnee haben, die Navajo-Indianer in Südamerika dreißig für Wind. Im Arabischen gibt es dreißig Worte für Kamele. Wieviel kennen die Buschmänner für Sand? Sie leben aber nicht hier, sondern in der Kalahari. Hier kann niemand leben.

Wie lange reichte das Benzin noch? Der Zeiger stand ganz unten. Ich hätte längst umkehren sollen. Es war wohl doch keine gute Idee, ein Haus suchen zu wollen, das es wahrscheinlich gar nicht mehr gab. Ich schwitzte ohnehin, aber nun brach mir der Schweiß aus allen Poren. Schweiß schmeckt auf den Lippen salzig wie Tränen. Ich hatte unverzeihlicherweise keinen Ersatzkanister mitgenommen. Es sollte ja nur ein Abstecher …

Auch mein Handy hatte ich nicht bei mir, aber es hätte mir jetzt gar nichts genützt. Es hatte ja keinen Navigator, der meinen Standort bestimmt und mir angezeigt hätte, wo es langginge. Zu Hause habe ich mir alles Wissenswerte über Namibia aus dem Internet geholt und meinte, komplett informiert und mit allem Notwendigen ausgerüstet zu sein. Die Hand an der Maus schlug ich Suchseite um Suchseite auf, ein Doppelklick, ein Fensteröffnen und ich erfuhr, wo die gottverlassensten Orte zu finden waren. Von der Einführung der Karakulschafe, dem Fund des ersten Diamanten bis zum Ende der Apartheid und der neuen politischen Umstrukturierung hatte ich alles gesammelt und notiert. So neunmalklug war ich hergeflogen.

Und nun? Noch aus den heikelsten Situationen war ich bisher mit heiler Haut herausgekommen, wenn ich auf meinen abenteuerlichen Reisen zuviel riskiert hatte. In den französischen Alpen wäre ich einmal fast von Schneemassen begraben worden. Die aufgestellten Warnschilder beachtete ich nicht und fuhr im Schritttempo eine vereiste Straße entlang, um noch vor Einbruch der Dunkelheit mein Hotel zu erreichen. Trotz der klirrenden Kälte kurbelte ich in einer Haarnadelkurve das Fenster herunter und brachte den Wagen zum Stehen. Von einer Steilwand hing ein phantastisches Frostgebilde. Noch bevor ich die Kamera zücken konnte, hörte ich das Donnern. Keine zehn Meter vor mir stürzte eine Lawine zu Tal. Ich hatte mir eingeredet, auf kürzestem Wege ins Hotel zu wollen. Ein Skifahrer hatte mir von dem erstarrten Wasserfall an der Höhenstraße erzählt; dieses Bild konnte ich mir nicht entgehen lassen. Wir handeln meistens aus ganz anderen Gründen, als wir zu handeln meinen. Wenn ich eine Autolänge weiter gefahren wäre …

Der Tank war leer. Aus welcher Richtung war ich gekommen? Der Wind, dem ich hätte folgen können, hatte sich wieder gelegt. War ich nach Westen oder nach Norden gefahren? Nicht einmal nachts würde ich mich hier orientieren können. Zu Hause hätte mir der Große Wagen den Weg gezeigt, dessen hinterer Teil zum Polarstern weist. Das hatte ich von niemand anderem als von Agnes gelernt, meiner Dolmetscherin, die mir die Welt übersetzte, die mir sogar das Schwimmen beibrachte, obgleich sie selbst nicht schwimmen konnte, die mir im Winter die Fährte des Hasen zeigte, am von Nebel und Schneestaub durchrieselten Waldrand die Blüte des Fuchses, das eingeritzte Geläuf der Sperlinge und Krähen – eine vergessene Schrift, die ich lesen konnte. Kamen wir dann durchgefroren nach Hause, legte sie mir eine Wärmflasche ins Bett und einen Bratapfel in die Ofenröhre.

Wie weitererzählen? Ich habe keine Worte für die Hitze und den Durst. Durst, hat Agnes einmal gesagt, sei schlimmer als Hunger. Sie hat leider keins ihrer Kinder stillen dürfen, weil Frauen in ihren Kreisen das nicht taten; das übernahmen Ammen. Die Mütter mußten tagelang dürsten und die Milch abpumpen, bis sie versiegt war.

Meine Panik schlug in Apathie um. Wozu weiterlaufen. Wo war Westen? Wo das Meer, das man schon von weitem hätte riechen können. Es roch nur nach Sand. Wonach riecht Sand? Meine Nasenschleimhäute waren ausgetrocknet. Hier trocknet man einfach aus, auch vom Schweiß keine Spur mehr, keine Tränen.

Wären da nicht die Fußspuren im Sand gewesen, über die ich mich nicht einmal wunderte – eine tiefer, eine flacher eingetreten, rechts daneben kaum angedeutet Löcher –, ich hätte mich fallenlassen und wäre liegengeblieben. Manchmal knickte ich mit einem Knie ein, wie Gläubige einknicken, denen das Knixen in Fleisch und Blut übergegangen ist. Die Fußspuren verblaßten, hin und wieder waren nur noch Löcher zu erkennen, eine gepunktete Linie, die sich erübrigte, als am Horizont die roten, unverwechselbaren Umrisse von Spikopje auftauchten.

Poetologie

Er war noch sehr jung, als allererste Verse von ihm in der regionalen Tageszeitung gedruckt wurden und seine Mutter ihn ungläubig fragte: »Bist du jetzt ein Pöt?«

Der junge Pöt durfte dank der Vermittlung seines Deutsch- und Musiklehrers, dessen Lieblingsschüler er war, ein paar eigene Gedichte in einer Rundfunksendung sprechen. Man könne mit bis zu sechstausend Hörern rechnen, sagte der Lehrer.

Im Studio standen ein Stuhl, ein Tisch und auf dem Tisch ein Glas Wasser und das langhalsige Mikrophon.

»Sprechprobe«, sagte die Stimme des Aufnahmeleiters, der hinter einer Glaswand im Nebenraum saß.

Sprechprobe? Was sollte er sagen? Ihm fiel partout nichts ein außer »Ich bin klein, mein Herz ist rein«, dem Kindergebet, das die Mutter früher abends am Bett vorgesprochen hatte. Das kann man schließlich hier nicht sagen. »Sprechprobe bitte!« Der Mann hinter der Glaswand hob auffordernd seine Hand. Vielleicht »Fischers Fritze fischte frische Fische. Frische Fische …« Dabei würde er sich bestimmt versprechen. »Sprechprobe bitte. Nur ein paar Worte!« Das klang ungeduldig.

»Mach mal Pause, trink Coca Cola.«

»Na also.« Der Aufnahmeleiter war's hochzufrieden. Seine Stimme sagte noch, daß sich rechterhand die Räuspertaste befinde; sie sei zu drücken, falls er sich räuspern wolle oder niesen müsse. Die Manuskriptblätter seien an der rechten oberen Ecke einzuknicken, um sie ohne Rascheln umblättern zu können. Den Tonmeister störe das leiseste Geräusch. Sprechzeit acht Minuten. Versprecher würden hinterher weggeschnitten.

Der junge Poet war Linkshänder. Falls er niesen oder sich räuspern müsse, würde er wie bei den schwierigen Czerny-Etüden mit der linken Hand über die rechte greifen. Er brauchte aber nicht auf die Räuspertaste zu drücken und Eselsohren in die Seiten seines Manuskriptes zu knicken, weil er alles, was er zum besten gab, längst auswendig konnte. Er bekam auch keinen trockenen Mund. Er wußte, daß er mit geneigten Ohren rechnen konnte. Er war achtzehn Jahre alt und von der Muse geküßt.

Nach acht viel zu kurzen Minuten hob der Aufnahmeleiter wieder die Hand. Die Stimme sagte: »Allright, Herr Kruse, wir schicken ihnen eine Bandkopie.«

»Herr Kruse« – wie das klang! Er hieß Kurt Kruse. Mit diesem Namen war kein Staat zu machen. Also legte sich Kurt Kruse ein Pseudonym zu, nicht etwa, weil er Anstößiges schreiben wollte, Gott bewahre. Ihm kam es auf den Klang an, auf eine wohltönende Vokalfolge. Als Adrian Kühne veröffentlichte er seine Gedichte bei einem kleinen Verlag, der einen Druckkostenzuschlag verlangte. Seine Mutter verkaufte ein Stück Land und ermöglichte so dem Sohn den Start als Dichter.

In demselben Verlag erschienen auch ein zweites und drittes Bändchen mit seinen Versen, versehen mit einem Vor- beziehungsweise Nachwort des ehemaligen Lehrers. Der ersten Lesung im Gymnasium vor Mitschülern und dem wohlwollenden Kollegium folgten weitere. Der Autor wurde beklatscht und signierte seine Bücher mit Adrian Kühne. In sogenannten Werkstattgesprächen beantwortete er Fragen interessierter Zuhörer. Um keine Erklärung war er verlegen, wenn sich jemand für die Entstehung eines Gedichtes interessierte. Er hatte verschiedene Theorien parat. Mal behauptete er, daß Verse handwerklich gemacht werden. Die Fertigung sei weitgehend erlernbar, denn Kunst komme von Können. Dann wieder sagte er, Inspiration sei alles, der Autor müsse auf Empfang gestellt sein, nur dann fänden Eingebungen ihren – wie er sich ausdrückte – Niederschlag in einem Gedicht. Auch versäumte er selten, sich gegen die Literaturkritik zu äußern: Ihr sei es anzulasten, daß Bücher wie auf einer Börse gehandelt würden und Kursschwankungen unterlägen. Ein Buch zu veröffentlichen sei Selbstauslieferung.

Auch Leserbriefe erreichten Adrian Kühne, zustimmende allesamt. Eine Dame aus Bad Nauheim bedankte sich dafür, daß seine Gedichte sich reimten und den Leser nicht mit neumodischen Fisematenten verunsicherten.

Dieses Lob irritierte ihn. Sollte er nach den festgelegten Regeln weiterschreiben? Durften die Versfüße noch im lakonischen Wechsel von Dreihebern und Vierhebern tänzeln, sich gar wie in Homerischen Epen zu Hexametern aufschwingen? Sollte er nicht mehr nach Reimen suchen, Steputats Reimlexikon wegschmeißen, nicht mehr über reine oder unreine Reime, stumpfe oder klingende nachdenken? Aber er liebte Reime, und wenn ihm seine Verse gelangen, waren sie wie Musik; dann hörte er sie singen. Sein ehemaliger Musiklehrer hatte einige Gedichte vertont, und so waren die Lesungen manchmal von Musik umrahmt.

Aber Autoren, die heute von sich reden machten, waren respektlos und gesinnungslos. Da tönte es schrill und rotzig, bitterböse und so aggressiv wie die Akkorde, die ein Gitarrist in die Saiten drosch. Starker Tobak mußte es sein. Und nie durfte eine Backpfeife fehlen. Mit anderen Worten: Da wurde keine literarische Schonkost serviert, keine Metaphernseligkeit, keine feinsinnige Innerlichkeit, nichts Erlesenes, schon gar kein Reim mehr, dieser Schreibkrampf literarischer Ahnen. Jeder Ergriffenheit abhold hatte man der Poesie in den Rücken zu fallen. Man durfte nicht mehr ins Volle greifen.

Also die alten Regeln über den Haufen werfen. War es ein Wunder? Wer könnte angesichts aller Ungereimtheiten noch reimen? Die unsäglichen Zeitläufte verschlugen dem Sprachmächtigen die Sprache und ließen ihn schreien. Kein noch so gewaltiger Fortschritt hatte die Barbarei unter den Menschen verhindert. Dessen ungeachtet lebten die meisten Bürger hierzulande vergnügt, besorgt nur um ihr Konto, ihr Hab und Gut, ihre Gesundheit. Der störende Rest spielte sich auf dem Bildschirm ab zwischen Gummibärchen und dem Zusammenbruch des Bildes um drei Uhr zehn.

Was in aller Welt hatten da noch Gedichte zu suchen? Welches Wort würde den würgenden Erfahrungen noch gerecht, welches dem Unheil gewachsen? Mit diesem Dilemma mußte ein Poet leben.

Adrian Kühne legte eine zehnjährige Pause ein, während der er Philosophie, Juristerei und auch Theologie studierte, ohne ein Examen abzulegen. Er versäumte das Leben nicht mehr. Liebschaften ließen sich aufs schönste an, um alsbald wieder lautstark zu enden oder einfach einzuschlafen. Dabei war er nicht unbedingt auf flüchtige Affären aus, er suchte die eine, die richtige.

Eines Tages glaubte er, sie gefunden zu haben. Sie hieß Frauke und wohnte an der Elbchaussee in Hamburg. Das Fenster ihres Schlafzimmers in der vierten Etage hatte einen kubistischen Ausblick auf schräg gegeneinandergestellte schiefergraue und rötliche Dächer und einen Wald von Fernsehantennen und Baukränen. Man betrat die Stadtvilla, durchschritt ein Marmorvestibül und ging fünf flache Marmorstufen hinauf bis zu einem Fahrstuhl mit schmiedeeisernen Gittern.

Der rumpelnde Oldtimer blieb eines Nachts, als Adrian ihn benutzte, stecken. Das Licht ging aus. Er ertastete zwar den Alarmknopf, aber der Notruf kam nirgendwo an. Sein »Hallo, ist da niemand« hörte keine Menschenseele. Also wartete er, Stunde um Stunde. Die Dunkelheit wurde dunkler, die vier Wände enger. Adrian kritzelte ein Gedicht auf Papier, das er am nächsten Tag begierig las, um zu erfahren, was er da geschrieben hatte. Da war die Rede vom Untergang der Titanic, wo, wie Überlebende berichtet haben, das Orchester die Instrumente noch stimmte, als die Wellen schon ins Cello schwappten.

Weil Frauke ihn wegen seiner ersten drei Gedichtbände, deren Mängel er inzwischen kannte, zu sehr bewunderte, hielt er es nicht mehr lange mit ihr aus. Er begann wieder zu schreiben. Ein bekannterer Verlag interessierte sich für ihn. Nun wurden ihm Honorare überwiesen, und zwar zehn Prozent vom Ladenpreis jedes verkauften Exemplars. Natürlich erzielten seine Gedichtbände keine hohe Auflage, aber sie wurden besprochen und sein Name wurde immer häufiger erwähnt. Im Rundfunk konnte er dann und wann Gedichte lesen, wenn auch die anspruchsvollen Kultursendungen zugunsten von Talkshows und Sportberichten in spätere Nachtstunden verschoben wurden und nur wenige Sender der Lyrik noch Sendezeit einräumten. Mit sechstausend Hörern konnte man kaum noch rechnen. Als Sprechprobe sagte Adrian Kühne: »Zu Risiken und Nebenwirkungen fragen Sie Ihren Arzt oder Apotheker«, manchmal auch nur: »Hier werden Sie geholfen.«

Auch seine Sprechlage hatte sich geändert. Er suchte nicht mehr nach kostbaren, erlesenen Worten, schon gar keinen pathetischen Versen, die mit Ach begannen. Ach, er war des Treibens müde. Was sollte all dies Aufschaukeln zu idealistischen Höhen. Er wollte kein Verbraucher von längst Verbrauchtem sein. Deshalb mußte er ja nicht seinen Storm vergessen und dessen graue Stadt am Meer, wo über die feuchten Watten der Abendschein spiegelt, nicht die Droste auf schwankem Moor, über dem sich die Phantome wie Dünste drehn und die Ranke häkelt am Strauche, Rilkes Dunkel und Helligkeit, Blume und Buch nicht. Seinen poetischen Vorrat konnte ihm keiner nehmen, aber er wußte, sein

Erbteil war durch Inflation entwertet. Er lernte jedes Wort im Munde umzudrehn.

Neuerscheinende Bücher mit Gedichten und inzwischen auch Kurzprosa von Adrian Kühne fanden bei der Kritik ein wohlwollendes Echo und wurden in den überregionalen Zeitungen rezensiert. Der Verlag sandte dem Autor die Besprechungen zu. Bei dem Wort Besprechung fiel Adrian jedes Mal ein, daß er als Kind eine unansehnliche Warze im Gesicht gehabt hatte. Seine Mutter brachte ihn zu einer Frau, die dem Übel abhelfen sollte. Und siehe, nach der dritten, bei Vollmond zelebrierten Besprechung war die Warze wie weggepustet. Jede Rezension erinnerte Adrian an die gemurmelten Zauberworte und Beschwörungen der alten Frau.

Der Verlag organisierte für ihn Lesereisen. Fortan war Adrian Kühne längere Zeit unterwegs, als Kurt Kruse an seinem Schreibtisch verbrachte. Er verdiente nun soviel, daß er bescheiden davon leben konnte, zumal seine Mutter nochmals Land verkauft hatte und ihm unter die Arme griff. Er wohnte nicht in Häusern mit Marmorvestibül und Aufzug, vielmehr auf dem elterlichen Hof im angebauten Altenteil, in dem die Großeltern gelebt hatten.

Die Reisen führten ihn auch in die deutschsprachige Schweiz, nach Österreich, Liechtenstein und Luxemburg. Als dann Intercityzüge verkehrten, stieg er von

Hans Sachs in Fontane um, von Friedrich Schiller in Heinrich Heine, von Parzival in Albert Schweitzer. Einer Einladung des Goethe-Institutes folgend, fuhr er drei Monate durch die USA. In Rom konnte er ein halbes Jahr in der Villa Massimo verbringen. Er bekam ein ansehnliches Arbeitsstipendium des Bundeslandes, in dem er lebte. Mehrere Preise, nach berühmten Dichtern benannt, wurden ihm verliehen. Er konnte sich nicht beklagen.

Der Avantgarde war die Luft ausgegangen, auch wenn sie viel in Bewegung gesetzt hatte. Konkrete und experimentelle Literatur hatten keine Konjunktur mehr. Manche Autoren versuchten Sprachfetzen nach Art der comics in Sprechblasen zu drücken. Andere surften durchs Internet, um nach Worten zu suchen, die es in keiner geschriebenen Sprache gab. Junge Rapper wollten der versonnenen Poesie endgültig den Garaus machen und setzten auf Geschwindigkeit. Topstars der Slam-Szene produzierten mitunter aufs originellste Alltagslyrik in einem Mix aus Comic- und Kunstsprache. Es machte Spaß, ihnen zuzuhören, wenn sie auf offener Bühne um die Wette rezitierten.

Um nicht von gestern zu sein, ließen sich die Künstler alles einfallen. Ein namhafter Autor, der Lacher oder Empörer auf seiner Seite haben wollte, spritzte sein Sperma auf leere Buchseiten und brüstete sich mit seinem Buch der Bücher, ohne eine Zeile geschrieben zu haben. Ein anderer pfiffiger Autor ließ seinen Helden die Berliner Mauer mit seinem erigierten Penis einrennen. Keine noch so kleine Perversion war pervers genug, um nicht herhalten zu müssen. Hauptsache man machte von sich reden. Hauptsache ein Buch hatte Skandal- und Unterhaltungswert. Neue Euphorien waren gefragt, Extravaganzen, Dekadenzen. Das Kalkül ging meistens auf. Die nächste Auflage wurde schon gedruckt. Die Medien klatschten Beifall. Nichts wurde ausgelassen, nichts weggeschnitten, nichts gelöscht, auch wenn Henry Miller und Gottfried Benn es schon weit besser vorgemacht hatten.

Wie also weiterschreiben? Ließen sich ausgediente Worte poetisch neu aufladen und wieder zum Leuchten bringen? War das die Kunst – ein Abendlied zu schreiben, obgleich man nicht mehr wußte, ob da die Venus funkelte oder ein Satellit und der Mond ein unergiebiges Forschungsobjekt geworden war? Ein Liebesgedicht zu dichten, wo man nicht wußte, ob man sich morgen noch kannte? Sollte man die Lerchen falsch singen, die Flüsse bergauf fließen, die Lenkfedern der Vögel verkümmern lassen, um unverblümt zu zeigen, wie unsre Hoffart zum Himmel schrie und wir alles taten, um unsern einzigen Planeten unbewohnbar zu machen?

Von seinem Schlafzimmerfenster aus sah Adrian den nahen Waldrand. Dort hat früher der Weidenlaubsänger gesungen, der Zilpzalp, der sich selbst ruft; er muß seinen Namen vergessen haben, man hört ihn nicht mehr. Und wo sind die Libellen geblieben, die über dem Tümpel hinterm Haus wie Blitze gezuckt haben, wo die Zitronenfalter, die sich im Brautflug umflatterten? Man hat den gelben Schmetterling zum Tier des Jahres erklärt, weil er so selten geworden ist.

Adrian Kühne hatte sich in einen Winkel der Welt zurückgezogen, den er auf langen Wanderungen ausmaß. Beim Laufen ereilten ihn die besten Gedanken. Er hatte immer Papier und Bleistift bei sich. Weiß Gott, was ihn zwang, weiterzuschreiben, Zeile um Zeile, Reihen von Zweifeln. Das war eine Berufskrankheit, eine Sucht, ein Virus, der angedockt hatte, an ihm zehrte und Fieber erzeugte, Benommenheit, Schwindel. Da half kein Fiebersegen einer weisen Frau, kein Besprechen. Die einzige therapeutische Maßnahme war homöopathisch: Ähnliches mußte mit Ähnlichem geheilt werden, Schreibsucht mit Schreiben.

Jede Sucht tut dem Süchtigen aber auch gut, sehr gut sogar, sonst könnte er sie ja sein lassen. Es ist eine Lust zu schreiben, vor allem wenn eine kalte Phantasie am Werk ist, wenn der Spagat zwischen Wachheit und Selbstvergessenheit glückt und die Sprache klüger ist als der Schreiber selbst, genauer spricht, als er es hätte erklären können. Das freilich ist die Kunst; eine andere beherrscht unser Poet nicht, am wenigsten die, die man Lebenskunst nennt.

Die Stimme

Ich würde eine ganze Symphonie
hergeben für eine einzige Choralmelodie.
WOLFGANG AMADEUS MOZART

Silberne Leuchter glänzten dort, silberne Kelche,
vom Kerzenschein auf Hochglanz poliert.
Zu Seinen Füßen glänzte der schräge Goldschnitt
des Buches, das immer aufgeschlagen lag,
als ließe es sich nicht zuklappen: ein glänzendes Bild
mit um so tieferen Schatten in den Nischen dahinter.
Dort knieten die steinernen Stifterfiguren,
der Mann im Brustpanzer hielt das kleine Modell
der Kirche auf seiner rechten Hand, die Frau
faltete die Hände über ihrem Leib, die war schwanger.
Auf einer Wand legte das Licht jahrhundertealte
Fresken frei: ein windgeblähtes Segel,
auf spitzer Welle einen Kahn, der neigte sich,
als wolle er das Wasser übernehmen. Buchstaben
tauchten auf, ein I, ein H, ein S, das A und O.
Hier habe ich lesen gelernt wie in einer Fibel.
In Reichweite des O ein halbversunkener Kopf,
ein Arm und eine Hand – mein Bilderrätsel: wo war
die andre Hand, die sich der sichtbaren entgegenstreckte?
Es war da nichts als diese eine Hand. Gott hat

in sechs Tagen nur eine Hand gemacht, hat Wasser
um sie ausgegossen, ein Segel über ihr gespannt,
und siehe, es war gut.
Aus großer Höhe traf das Licht
auf ausgetretne Dielen. Die Buntglasscheiben
fielen darauf, ohne zu zerbrechen, alle sechs
mit den Bildern der Schöpfungsgeschichte.
Ich hatte alle Augen voll zu tun und wußte nicht
was ich zuerst und was zuletzt betrachten sollte;
das nackte Menschenpaar, die Schlange oder
ein Schneckenhaus, auf das ein Restlicht fiel.
Eine geschlagene Stunde lang verschoben die Schatten
der Fensterrippen die bunten Abziehbilder bis
vor den Altar. Man konnte darauf warten, bis
alles Geschaffene die Stufen erklomm und
sogar das Wasser aufwärts floß.
Bei Licht betrachtet habe ich an den Fensterrippen
zählen gelernt, an den Bildern dazwischen sehen,
staunend in Betrachtung der Schöpfung versunken.
Im Nachhinein will mir scheinen, die Früchte
auf dem dritten Bild, verlockend anzusehn,
habe Cézanne gemalt, das große Licht,
die gelbe Sonne, auf dem vierten van Gogh.
Sieh mal ein Kind, und schaudere nicht
vor den durchbohrten Händen und Füßen, davor sonst
schrickt und scheut das große Weltgewichte.
Ganz vorn auf der ersten Bank sang eine Stimme

manchmal noch ein, zwei Strophen weiter,
als an der Tafel angeschlagen war, und alle
lauschten ungläubig, daß eine Menschenstimme
so klingen konnte. Die Blinde sang, als ob
der Auerhahn sein Balzlied schmettere,
in einer langen Luftröhre verstärkt.
Sie sang,
daß selbst die Orgel schwieg und horchte.
Sie sang,
als ob sie ohne Lieder auf den Lippen
nicht gehen könne, nicht einen Schritt.
Sie sang,
als sei beim Singen das Leben leichter, als es war.
Sie sang,
als ob das Licht, das sie nicht sehen konnte,
erlöschen würde, wenn sie verstummte.
Sie hat gesungen,
als könnten aus so viel Blutvergießen
allen Ernstes Freudentränen fließen.
Solche Worte waren Anfechtung für diejenigen,
die hierher wie in einen Konzertsaal kamen.
Die Blinde sang Lieder mit Worten, mit Worten,
die sie in Brailleschrift lesen und auswendig konnte.
Sie sang Lieder, zu denen man tanzen wollte,
weil sie einem in die Beine fuhren,
und sie sang andere, die mit einem Seufzer anhoben:
Ach Gott, ach Herr, ach Herzeleid. Kaum ein Vers

der ohne »o« auskam: o gott, o Mensch, o Welt, o Haupt …
Schon fädelte sich die Melodie ins Ohr,
Paul Gerhardts Stimmgabel vibrierte, ein tiefes Atemholen.
Der Engel, der über der Kanzel schwebte,
stimmte seine Harfe, die tiefen Messingsaiten,
die hohen, stählernen, die bebten. Er zupfte
mit beiden Händen gebrochene Akkorde,
und ich sang mit, wenn alles sang.
Was Wunder, daß mir seitdem keine Lerche mehr aufsteigt,
ohne daß ich sie an ihren bunten Liedern
ins Licht klettern seh, kein Schiff, geladen
bis an sein höchsten Bord, vor meinem Küchenfenster
die Spree hochkommt, ohne daß es eine teure Last trägt –
Autos meistens oder ihre plattgewalzten Wracks.
Egal, ich summe mit. Es liegt so manches alte Wort
mir auf der Zunge, so manche Melodie im Ohr,
ein klingender Trinitus, der nicht verstummt.
Die Frau mit der schwarzen Brille ist schuld daran.
Sie hat gesungen. Wenn man ihr sagte, wer alles
ihretwegen gekommen war, lachte sie ungläubig,
schüttelte den Kopf und sang.
Statt ihren Schöpfer und die Weisheit seiner Wege
zu bezweifeln und Ihm den Pfusch mit ihren Augen
anzukreiden, hat sie gesungen.
Wer möchte so geboren werden, wer so im Dunkeln tappen
an einem weißen Stock, am Arm die gelbe Binde
mit drei schwarzen Punkten?

Der überschwenglich tun kann über alles, schlief und
schlummerte wohl gerade, als ihre Augen
– um mit ihr zu singen – künstlich und fein
bereitet werden sollten. Vielleicht hatte Er gerade
alle Hände voll zu tun und sprach versehentlich:
Es werde dunkel. Und es ward dunkel.
Da reute es Ihn sehr. Er gab ihr dann
als Ausgleich eine Stimme,
die über mehr als zwei Oktaven reichte
und die selbst taube Ohren öffnen konnte.
Und siehe, sie war einverstanden.
So ungefähr muß es gewesen sein.
Würde sie sonst singen können?
Was mich betrifft, ich habe dagesessen,
Mund und Augen aufgesperrt und beide Ohren.
Die dicken Kerzen, fast schon am Verlöschen,
flackerten noch einmal auf.
Denn Er kann leichtlich Dunkles in Helles wenden,
aus Trauer Freude machen,
aus Weinen Lachen, aus Unglück Glück.
Wie immer man das Paradox benennt,
man muß sich bloß das Wort im Munde
umdrehn lassen, ein Kunststück,
daß die Frau auf unsrer ersten Bank
wenigstens einmal wöchentlich zustande brachte.
Frag mich nicht wie. Was wäre unbelehrbarer
als ihre Lieder, was widerborstiger,

das schreit zum Himmel?
Die Blindgeborene sang ihr ganzes Repertoire.
Sie kannte keine Noten, keiner hat sie ausgebildet,
keiner ihr das Atmen beigebracht,
den weichen Einsatz und den harten,
die Klangfarbe, das glockenreine hohe C,
das tiefe Schluchzen. Wo hat sie das gelernt?
Keiner hat die Stimme auf CD gespeichert,
daß Laserstrahlen sie ertasten könnten.
Nie hat die Blinde in ein Mikrophon gesungen.
Ihr fehlte alles, was die Welt
so unerbittlich fordert: Ehrgeiz, Ruhmsucht, Cleverness.
Es schien, als sei es ihr egal,
ob irgendwer sie singen hörte.
Sie wußte nicht, daß ihre Stimme
Himmel und Hölle in Bewegung setzte.
Auch hat sie nie ein Honorar kassiert.
Am Ende, als sie das Zeitliche gesegnet hatte,
reichte es gerade noch für einen Kiefernsarg.
Durch ihren frühen Tod ist ihr
viel erspart geblieben. Der Krieg brach aus.
Eine Luftmine köpfte den Turm und riß
die Ostmauer der Apsis ein, so daß die Kirche
ihr Innerstes nach Außen kehrte.
Der Knieende in der Nische
drückte das kleine Modell an sein Herz.
Brandbomben legten neue Holzscheite nach,

Dachsparren, Orgelpedale, Fensterrippen.
Auf den verkohlten Dielen waren
die Buntglasscheiben nicht einmal mehr
als Scherben zu retten. Aus der Traum
von dem, was lebte und webte, von allerlei Getier
und uns nach Seinem Bilde.
Man konnte knöcheltief durch Splitter waten,
es knirschte unter jedem Tritt.
Welche Lieder hätte die Blinde nun noch angestimmt?
Die mit weichem Ansatz anheben, mit Ah und Oh,
und mit kehligem Schluchzen enden?
Die einem das Wort im Munde umdrehn,
Dunkles in Helles wenden und immer
das letzte Wort haben wollen, damit
unser Seufzen nicht unaussprechlich werde?
Jeden Tag wird diese Frage dringlicher.
Heute – wetten daß … – würden die größten Multimedia-
agenturen sich um die Blinde reißen.
Sie wäre mega-in. Ein neuer Superstar.
Gold in der Kehle. Gott, das beklommne Wort,
würde in ihren Hits zum letzten Schrei
und käme in die Charts.
Ihre Stimmbänder würden hoch versichert werden.
Der Tonmeister nähme alle Hintergrundgeräusche weg:
Ton ab für die Engelstimme.

Bibliographische Information Der Deutschen Bibliothek
Die Deutsche Bibliothek verzeichnet diese Publikation
in der Deutschen Nationalbibliographie;
detaillierte bibliographische Daten sind im Internet
über http://dnb. ddb.de abrufbar.

Gesetzt aus der Aldus
Druck und Bindearbeit: Bercker, Kevelaer
Diese Ausgabe wurde auf chlor- und säurefrei gebleichtem,
alterungsbeständigem Papier gedruckt.
Printed in Germany
ISBN 3-421-05647-1